读典籍里的故事

做有根的中国人

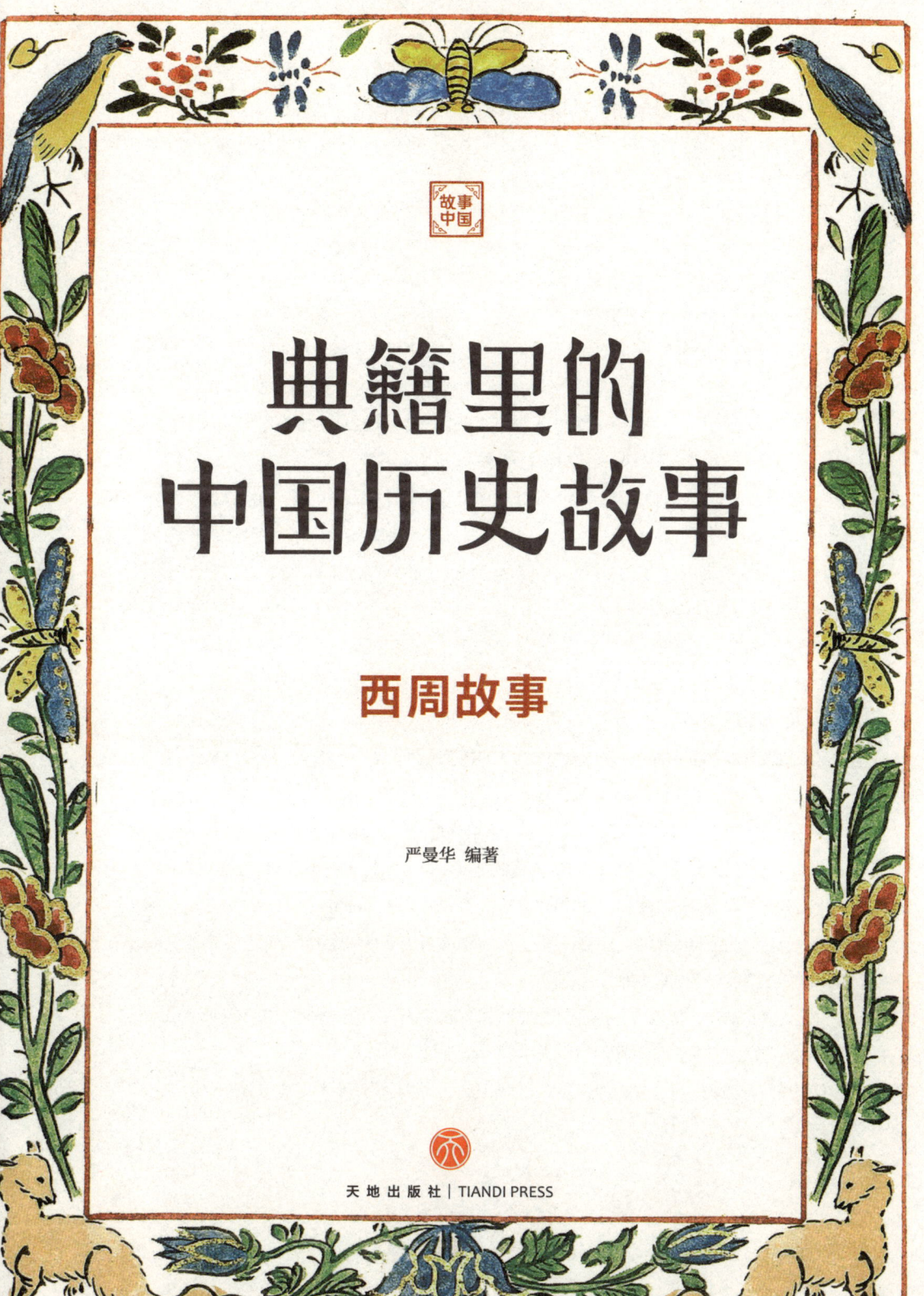

典籍里的
中国历史故事

西周故事

严曼华 编著

天地出版社 | TIANDI PRESS

给读者朋友的一封信

亲爱的小读者、大读者们：

非常开心你们能够阅读这套书。

由于这套图书传承了几千年的中国文化，经过了几代出版人的努力方得呈现，因此想在诸君阅读之前，作一个简要介绍，以便大家能够体察我们的用心，更好地使用这套书。

这套书是由现代及当代著名学者特意为少年儿童编撰的一套传统文化普及读物，倾注了郑昶、严曼华、赵夏榕等资深图书编辑的一片拳拳之心。

丛书选材于《论语》《史记》《国语》《左传》《吴越春秋》《战国策》《资治通鉴》《孔子家语》《三国志》《汉书》《后汉书》等历史典籍，以及《东周列国志》《周朝秘史》《淮南子》《封神演义》等历史演义，使用通俗畅达的白话文进行二次创作而成，对于今天的读者朋友们来说，同样意义重大。

然而近百年来，汉语有了新的发展，现在的白话文与当年相比也有了一些变化，因此我们又做了一定的润色和疏通，但为尊重原著起见，仍较大程度地保留了原有的文风。

为方便大家阅读，我们针对每个故事摘录了对应的原著文本，对比较生僻难懂的文字作了注音或释义，间或添加了一些"给孩子的话"，既是我们的感悟，也希望给你们启发。

我们还专门为这套书配了大量插图。除全新创作的图画作品外，还选用了一些古代名家画作，也收入了部分古籍刻本图画，并在其基础上作了着色修饰，还原其色彩美感。

尽管有些刻本图画与所展示历史时期的真实场景以及人物的着装、发饰等细节存在一些出入，但它们能生动传神地反映故事的精粹，并且本身也是中华文化的一部分，因此我们并未作大的修改，而是基本保留了原貌。

古文古画古韵味，新笔新彩新颜色。这套图书既传承了古代经典的思想和意境，也通过不同时代的笔墨、画作反映出中华文化的丰富与鲜活。

我们衷心希望能够通过这样的呈现来让读者朋友们熏染书香，体味古韵，做有根的中国人。

丛书编辑组

文王拘而演《周易》– 002

三分天下有其二 – 008

改葬枯骨 – 013

姜子牙隐居避世 – 018

姜太公钓鱼，愿者上钩 – 022

商朝的三个贤人 – 029

武王伐纣 – 034

万国诸侯 – 040

周公平叛 – 046

桐叶封弟 – 051

甘棠听政 – 055

楚人胶舟溺昭王 – 060

八骏巡游 – 064

仁义的徐偃王 – 068

密康公亡国 – 073

嬴非子骗西戎马 – 077

防民之口，甚于防川 – 082

宣王中兴周室 – 087

宣王纳王后谏 – 091

周幽王烽火戏诸侯 – 095

周平王弃镐东迁 – 100

西周故事

严曼华 编著

文王拘而演《周易》

已经不知道是第多少天了。姬昌（殷商的诸侯西伯，也即后世所称的周文王）坐在阴冷幽暗的牢房里，盯着昏暗的地面发呆。他已八十多岁，步入人生苍老的阶段，但是，面部的皱纹和满头白发对他而言，不过是一些时间上的点缀而已。他一直认为，自己依然是那个意气风发、一心怀揣振兴周国之志的壮年男儿。如今，这一切却在这逼仄幽暗的牢笼中逐渐黯淡了。

这些天，他时常会梦见自己的父亲季历，那样一个英勇神武的战神，没有倒在战场上，却倒在了商王的算计之下。他知道，如果没有父亲，周国或许仍旧是商朝西部一个小小的部落，是父亲将周国的命运与商王朝捆绑在了一起。父亲成为商的牧师（即地方诸侯的首领），被商王赋予讨伐其他部落的权力，为商王保卫西境的稳定。谁承想，父亲在将士与百姓中的呼声越高，商王的忌惮之心也就越深；终于，在一次述功之时，商王文丁下令杀掉了这个自己一向倚仗与忌惮的有功之臣。

可笑啊，商王文丁杀了父亲之后，还想让周国继续为其卖命。以周国如今的实力来说，根本不足以与商王朝对抗。因此，即便再不情愿，作为儿子的他还是得向商王俯首称臣。可是从那时起，他暗暗立下誓愿，一定要为父亲报仇，一定要让周国强大起来，不再任人随意宰割。他秉承祖辈的遗训，布德施仁，体恤孤老，礼贤下士，引来许多百姓和贤人的投靠，就连周边的小诸侯国也对他敬服不已。

◀周文王姬昌（清代佚名《历代帝王圣贤名臣大儒遗像》）

《史记·周本纪》节选

公季卒，子昌立，是为西伯。西伯曰文王，遵后稷、公刘之业，则古公、公季之法，笃仁，敬老，慈少。礼下贤者，日中不暇食以待士，士以此多归之。伯夷、叔齐在孤竹，闻西伯善养老，盍往归之。太颠、闳夭、散宜生、鬻子、辛甲大夫之徒皆往归之。崇侯虎谮西伯于殷纣曰："西伯积善累德，诸侯皆向之，将不利于帝。"帝纣乃囚西伯于羑里。

《史记·太史公自序》节选

夫诗书隐约者，欲遂其志之思也。昔西伯拘羑里，演《周易》；孔子厄陈蔡，作《春秋》；屈原放逐，著《离骚》；左丘失明，厥有《国语》；孙子膑脚，而论兵法；不韦迁蜀，世传《吕览》；韩非囚秦，《说难》《孤愤》；《诗》三百篇，大抵贤圣发愤之所为作也。

在姬昌继任西伯之后，周国的国力日盛，比他父亲在时更为强盛。看到百姓安居乐业，姬昌的复仇之心又动摇了，相比起为父报仇，百姓的安乐似乎更重要，更能让他觉得满足。他甚至会想，要是百姓一直如此美满幸福，放弃复仇也未尝不可。因为战争必然带来流血，会让百姓流离失所。在这种大事上，他觉得自己还是拎得清的。他恨的是商王文丁，不是商王朝。因而，随着文丁的离世，他的复仇之心也逐渐冷却下来。他想，大概是父亲生不逢时吧！假如遇上一个圣君贤王，或许父亲的结局会不一样。因此，当商王帝辛（子姓，名受，亦称纣王）继位时，他几乎放弃了自己的复仇之心，只想着振兴周国，帮助帝辛维护西境的稳定。因为那时的帝辛，还没有露出他的暴戾与骄奢。

纣王帝辛，这个从小就表现出种种不凡之处的帝王，长得体格高大，勇猛过人，仿佛天然拥有着帝王的魄力与霸气，让人畏惧臣服。只是，这样一个拥有过人之处的人，不免会自矜才能，自视过高。继位没多久，他便开始沉迷酒肉与美色，不顾大臣劝阻，向百姓征加赋税，用奇珍异宝填充宫殿。并且，他因宠幸妃子苏妲己，不惜大量财力与民力筑造鹿台，朝野之中但凡有人反对，便设炮烙之刑加以惩罚，使得朝野上下敢怒不敢言。

这些事，西伯在岐山多少也有所耳闻。他心中隐隐有种担忧，怕自己重蹈覆辙，像父亲一样不明不白地死去。因此他不免感叹，

▲ 妲己立炮烙刑（《春秋五霸七雄通俗演义列国志传》插图）

看来纣王也并非圣君贤主，这样行事无道，迟早会使百姓离心。这原本只是他不经意间的一句叹息，却不知为何传到了崇侯虎那里。一向与他不太和睦的崇侯虎一听到这话，便立马向纣王告发，并且趁机向纣王进谗言说："西伯这些年在岐山广积善德，声望很高，不仅深受百姓爱戴，就连各路诸侯也对他纷纷表示敬服。这样下去，他的势力将会越来越大，这对于大王您来说是大

不利！"很快，纣王的使者来到岐山，将他召去朝歌。

姬昌没想到，一句叹息为自己招来了牢狱之灾。事发前，天生敏感的他就隐隐觉察到了一种不安。为此，他特意为自己占卜了一卦，是为"凶"，这更让他确信此去必有祸事。他对自己的部属说："我这一去恐怕凶多吉少，但是无论发生什么事，都不要轻举妄动。须静候观望，以待时机。"部属们纷纷允诺。他看着一旁泪流满面的儿子姬发，拍

▲ 西伯承诏入商（《春秋五霸七雄通俗演义列国志传》插图）

了拍他的肩膀，说："不要哭，很快，我就会回来。"他原以为，此去不过数月，却没想到，纣王非常愤怒，甚至打算像商王文丁杀掉父亲那样杀掉自己。庆幸的是，他的德行与威望为他赢得了一线生机。有大臣劝阻说："姬昌素来在西方诸侯、百姓间有名望德行，今日大王您把姬昌公然召入朝歌，却又杀掉他，必然会引起西方民众的不满，恐生变数。万望大王您赦其死罪。"于是，

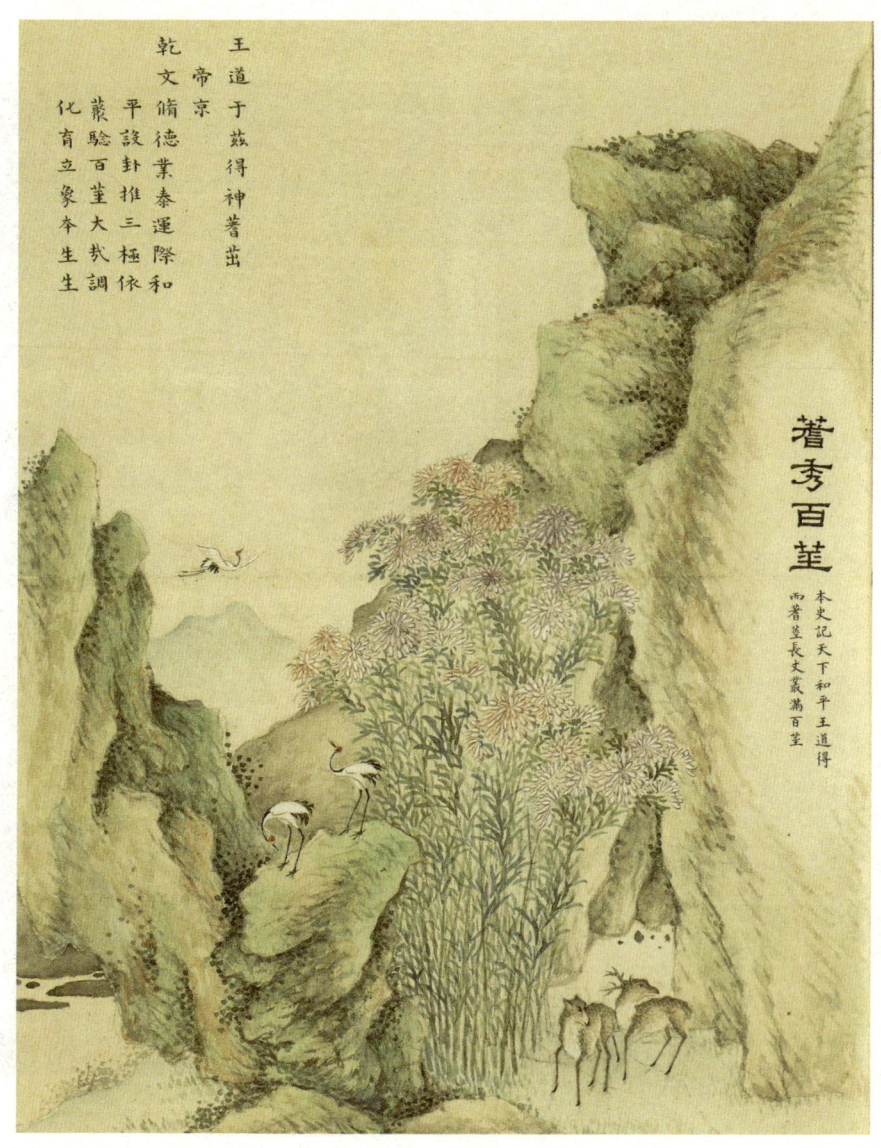

▲ 清代戴衢亨《蓍秀百茎》

他逃过了死罪,被送至羑里囚禁。

羑里,这是一个与外界完全隔绝的世界,除了在外看守以及每日来送饭的人,这里冷寂得只有他自己。举目四望,他能看到的只有面前剥落的墙壁

> **学点知识**
>
> **《易经》**
>
> 　　《易经》是我国古代儒家经典五经之一。夏代的《连山》、商代的《归藏》、周代的《周易》，并称三易。《连山》与《归藏》据说已失传，后世一般称《周易》为《易经》。《易经》内容包括《经》和《传》两个部分。《经》主要是六十四卦和三百八十四爻，卦和爻各有说明（卦辞、爻辞），相传系周文王姬昌所作。《传》包含解释卦辞和爻辞的七种文辞共十篇，统称《十翼》，相传为孔子所撰。《易经》被誉为诸经之首，是中华传统文化的总纲领，其广大精微，包罗万象，涉及哲学、政治、生活、文学、艺术、科学等诸多领域。

与杂乱的地面，还有一个高处的小窗口。难道这一生就只能在这囚牢中度过吗？他不愿这样虚度光阴。那么他又能做些什么呢？

他只能枯坐在羑里，苦思数月之久。有一天，他突然看到从窗口透进来的一缕阳光，照在了墙角地面，一丛绿意不经意间茂盛了起来。他走过去扒开一看，原来是一丛已经长成的蓍草。这种草一向被称为长寿草，也是一种神奇的草，一丛草整整一百根。他忽然想起了父亲当初传授给自己的伏羲八卦。他将蓍草掰开，拿了一半在手，刚好五十根。收拾一番后，重新排开，开始了演算。在不断地演算和思索中，他仿佛发现了一种新的生机一般，重新找回了期待。父亲曾经告诉他，伏羲八卦可揭示宇宙万物的运行原理，他想知道这些原理，知道自然的变化规律，更想知道人的命运如何随自然变化。因而，他开始不断地拆解、演示，给每一种卦象赋予特定的涵义。他从八卦中参悟了宇宙万物的变化无穷，人生际遇的变化多端。他每日沉浸其中，忘记了时间，也忘记了自己，最终将伏羲的八卦重组为六十四卦三百八十四爻，并为这六四十卦编好了卦辞和爻辞。由此产生了一部伟大的经典——《周易》，也就是我们今天所说的《易经》，而关于文王"拘而演《周易》"的故事，也成了后人津津乐道的历史典故。

三分天下有其二

每日沉浸于《易经》的研究中，姬昌脸上的愁容一日日地淡了，渐渐有了振奋的神采。可是他忘了，自己现在只是一个囚徒，不应该表现出这种愉悦与振奋。当负责看守他的人看到，这些年，姬昌不但没有灰心丧气，脸上的愁容反而被飞扬的神采所取代，他们不禁感到诧异，便立马将这一不寻常的变化告诉了纣王。他们说："西伯每日在牢房中摆弄草棍子，很是自在，完全不像个囚徒。"纣王联想起这几年百姓中一直流传的西伯乃圣贤的传言，一怒之下便将他在朝歌做人质的长子伯邑考杀掉了。

▲ 清代墨绘本《封神真形图·伯邑考》

本来纣王打算拉着伯邑考的尸体扔给姬昌，不承想，宠妃妲己给他出了一个主意："大王，听说，西伯是个圣人，果真如此的话，他应该不会吃自己儿子的肉的。"纣王一听，妙啊，我怎么没想到这个主意呢？于是，他便命人用伯邑考的肉做成了羹汤给姬昌送去。残忍的纣王想，人这一生最痛苦的事莫过于看着亲人死在自己跟前，更何况，是品尝自己亲生儿子的肉呢？一想到这里，纣王便觉得自己真是太聪明了。

于是，使者捧着肉羹到了牢房，对姬昌说："大王说，你没有什么大错，怜恤你被拘羑里太久，所以特赏赐天下美味供你品尝。"姬昌恭顺地接过了，在使者面前一口一口将肉羹吃完,然后向北谢恩。使者回去后,将情形一五一十地禀告给了纣王。纣王听说后,心中既觉得痛快,又不免对这所谓圣贤的西伯侯更添一层鄙夷:"圣贤之人,连自己儿子的肉都无法分辨,不过如此。"因此,他心中逐渐放松了警惕与忌惮,对西伯的看管也渐渐松懈了,仍旧每日里酒池肉林,恣意享乐。

但纣王没想到的是,当使者离去后,姬昌独自缩在墙角,呕吐了一整夜。其实,在

▲ 西伯食子之肉(《春秋五霸七雄通俗演义列国志传》插图)

使者来之前,他已经知道,今日自己必定痛失一子。因此,当看到使者捧着肉羹进来时,他便知道纣王不怀好意,清楚这肉羹便是自己的亲生骨肉。虽然他心里已经痛极、恨极,但越是这样,他越不能表现出来。那天晚上,他连哭泣之声都不敢过高,怕引来看管之人的怀疑。他在心中暗暗发誓,这辈子如有机会走出羑里,一定要将自己所受之苦一一奉还。

纣王放松对姬昌看管的消息，通过各种渠道传回了岐山，在岐山苦苦等待七年的臣子们终于可以付诸行动了。这些年来，他们从未放弃过营救西伯的希望，只不过他们在等待一个机会，一个可以彻底让纣王放下戒心的时机。而现在，时机已然成熟。既然纣王已经放松了对西伯的看管，这也证明，在纣王心里，西伯已经没有什么威胁了。于是，闳夭带着一众人到了朝歌，先买通了纣王身边的嬖臣费仲，然后通过费仲向纣

▲ 放西伯归岐州（《春秋五霸七雄通俗演义列国志传》插图）

王进献了美女、骏马，以及奇珍异宝，并且向纣王恳求道："大王，西伯固然有罪过，但是您已经惩罚他七年了。这几年，周族百姓生计一直不好，西方的百姓要是一直没有主心骨，恐怕要生变故啊。"于是纣王点了头，同意释放姬昌，并且还冠冕堂皇地说："想要赎姬昌，一个美人也就够了，何必要带这么多珍宝呢？"

小古文

《帝王世纪·周》节选

纣既囚文王,文王之长子曰伯邑考,质于殷,为纣御,纣烹以为羹,赐文王,曰:"圣人当不食其子羹。"文王得而食之。纣曰"谁谓西伯圣者?食其子羹尚不知也。"

《史记·周本纪》节选

闳夭之徒患之,乃求有莘氏美女,骊戎之文马,有熊九驷,他奇怪物,因殷嬖臣费仲而献之纣。纣大说,曰:"此一物足以释西伯,况其多乎!"乃赦西伯,赐之弓矢斧钺,使西伯得征伐。曰:"谮西伯者,崇侯虎也。"西伯乃献洛西之地,以请纣去炮烙之刑。纣许之。

经过一番营救,姬昌在八十九岁高龄之时,终于走出了羑里这片梦魇之地。从八十二岁到八十九岁,他被囚羑里达七年之久,无论是心性上还是能力上,比之以往都更加成熟稳重。当他再回头遥望羑里的时候,心中暗暗发誓,下次归来之日,一定是商覆灭之时。

回到周国之地,姬昌依旧韬光养晦,一面继续向纣王称臣,一面开始暗暗谋划如何推翻商王朝。他先是向纣王进献洛西之地,并以此请求纣王去除炮烙之刑,也因此获得了更多百姓的爱戴。在自己所管辖的领地,他广施善行,引得越来越多的诸侯国叛纣来投,周人的实力不断增强。而在另一方面,通过不断的武力扩张,周人的版图也越来越大,在短短几年时间内,姬昌先后讨伐了犬戎、密须、耆、邘、崇等国,占领了天下近三分之二的国土。为了更好地接近商朝,他将国都从岐山迁往丰,打算做进一步的部署。可是时间永远不等人,还没等到自己的讨伐开始,姬昌便带着遗憾与希冀与世长辞了。

当然,后面的故事我们都知道了。姬昌去世,其子姬发即位,史称周武

> **学点知识**
>
> ## 百子图
>
> 百子图,又称百子迎福图、百子嬉春图等,是我国传统绘画题材。据说跟周文王有关。相传周文王有一百个儿子,《诗经·大雅·思齐》称:"大姒嗣徽音,则百斯男。"意思是周文王妃太姒多子而再孕,群臣欢喜,于是作诗歌颂说:太姒能延续周室美好的传承,愿她多生男儿振兴周室。于是,一个古老的画种《百子图》,便由此产生。历代有很多画家画过《百子图》,比较著名的有清代画家冷枚、郎世宁所画的《百子图》。说文王有百子,并没有历史实据,只是他的儿子确实多,光是历史记载的有名的就有长子伯邑考,次子武王发,三子管叔鲜,四子周公旦,还有蔡叔度、曹叔振铎、成叔武、霍叔处、康叔封、聃季载等。
>
>
>
>
>
> ▲宋代苏汉臣《长春百子图》(局部)

王。约公元前1046年,周武王见时机已成熟,便带领各路诸侯国讨伐商纣,而此时,百姓早已无法忍受纣王的统治,周武王所到之处,百姓纷纷归顺,几乎一夜之间覆灭商朝,建立周朝。

改葬枯骨

在姬昌很小的时候，父亲季历就常跟他讲起周人祖辈的故事。他们祖先是黄帝的后裔，在帝喾、后稷时期，他们只是一个小小的部落，居无定所，到公刘、古公亶父时期，周族四处迁徙，最后在渭河流域岐山以南的周原定居下来。周原物产丰富，土地肥沃，周族借着这块宝地迅速发展起来，逐渐从游牧部落变为农耕部落，建立了周国，成为黄河流域之共主商王朝的臣民。到父亲季历继位时，为了让族人得到更好的发展，父亲主动与强大的商朝联姻，并且成为商朝的牧师，为商朝巩固西方的安定，周国的势力在这个过程中也不断地增强。到了姬昌手上，周国已经成为商朝西部不容小觑的诸侯国，不仅经济政治实力大增，而且疆域比之以往也不断扩大，经过数代人创下的历史基业，他不敢在自己手中断送。

面对周国百姓那些殷殷期盼的目光，他更觉自己肩上的责任与使命重大。因此，他将父辈一贯奉行的"施德布仁"思想用于国家治理之中，做到体恤善待每一位百姓。他自己也认为，对待百姓就应该像对待自己的子女一样，不应该动不动就以刑罚威吓他们，使他们感到畏惧；即便是他们犯了小错，也应仁爱包容，如此既能不让他们受到伤害，也能勉励他们自我反省。

在周国内，姬昌施行的举措是"画土为牢，刻木为吏"：凡是犯了错的人，可以不用进牢狱，也不随便对百姓施以刑罚，大路上也没有随意抓人的官吏。百姓中要是有因为财力不足以致过了年龄还没有娶妻、嫁人的男女，姬昌就用公家的钱为他们嫁娶；百姓中要是有年老而无子，年幼而无父母的人，姬昌就让公家给予他们钱帛，周济他们。这样一来，没过多久，周国内所有鸡鸣狗盗、打架斗殴之事都已绝迹，百姓和睦幸福，纷纷歌颂国内太平安泰，对姬昌也更加感恩戴德，敬服不已。姬昌也常常为这样的事感到心满意足。

可是，有的时候，姬昌总觉得好像还缺少点什么。虽然国家内部现在基本上没有什么动乱，但是天灾仍然不可避免。比如洪涝、山崩这些，他无法阻止，每次灾难来临，他能做的也只能是事后给予赈济安慰。因此，他常常为此感到发愁。

▲ 清代陈士倌《圣帝明王善端录·周文王》

有一日，他忽然想到，既然灾难无法避免，如能提前预知，那么也能减少对百姓的损害。因此，他打算在都城的灵囿内建造一座灵台，通过灵台与上天进行"沟通"，或许可以提前预知灾祥。思及此，他迫不及待地找到辛甲，将督造灵台的任务派给了他，让他率领两百士兵，准备修建灵台。

姬昌要修建灵台的事传到了民间后，百姓纷纷赶来报名，并且说："西伯待我们这样亲厚，就像我们的再生父母一样，既然西伯想要建造灵台，我们就应该赶来帮忙，无论做什么都愿意。即便是像搬运泥土树木这样的小事，我们也都愿意奉献自己的一份心力。"姬昌听说后,心中既为百姓的举动而感动,又觉得不应该让他们如此辛劳,于是派了上大夫太颠,给他们提供酒食,慰劳百姓,并且一再让他们多休息,不必赶工修筑灵台。百姓听说后,反而更加干劲十足,没多久就把灵台筑好了。

灵台筑好后,辛甲请姬昌来检视,姬昌带着群臣来到灵台上,扶着栏杆,遥望远处,顿感神清气爽,视野开阔,灵囿内美丽的风景一览无余,甚至能看到

▲ 文王改葬枯骨(《春秋五霸七雄通俗演义列国志传》插图)

远处飞翔的锦鸡,跳跃的鹿群。巡视完毕,姬昌总觉得灵台虽高,似乎缺点什么,思索一番,于是对身边的人说:"我还想在这灵台之下挖一个灵池,放养些鱼儿和水禽,供人观赏。可是现在百姓为筑造灵台付出了太多心力,都已疲惫不堪,我哪里忍心让他们帮忙,再开凿灵池啊!"一旁的百姓听说后,纷纷表示还有余力再干,又抖擞起精神,立马开挖起灵池来。

《帝鉴图说·泽及枯骨》节选

周史纪：文王尝行于野，见枯骨，命吏瘗（yì）之。吏曰："此无主矣。"王曰："有天下者，天下之主；有一国者，一国之主。我固其主矣。"葬之。天下闻之，曰："西伯之泽及于枯骨，况于人乎？"

正开挖间，不知何处人群中传来一声惊呼："这里好像有东西！"人群纷纷往那边拥去。原来是有一个人在地里挖出了一具骸骨。这该如何是好呢？百姓们也拿不定主意。姬昌在灵台上注意到了人群的骚动，派人过去询问，了解缘由后，便问："是什么人的骸骨呢？"管理灵囿的虞人答道："那具骸骨年代太久远了，也辨认不出是谁家的了。"姬昌令虞人好生将它安葬，虞人却发愁道："这具骸骨都不知道是谁家的，如何给它安葬呢？"姬昌叹道："天子拥有天下，是天下的主；诸侯拥有一国，是一国的主。如今这具骸骨出现在我国，那么我就是它的主人了。既然是它的主人，我又哪里忍心让它散落荒野，经受风吹日晒、虫啃雨淋呢？快快将它安葬好吧。"虞人得令后，马上张罗改葬这具骸骨。

百姓知道后，纷纷赶到灵台下拜谢说："西伯您对百姓的厚爱，不仅仅是对我们这些活着的人而言，就连枯骨也受到您的恩泽。我们无以为报，愿意以身为您效力，任您驱使！"姬昌听后，大为感动。

就这样，在姬昌仁与德的感召下，没过几日，百姓便将灵池建好了。虞人找来些鸿雁、鸭子、鱼儿之类放养于池沼中。姬昌十分高兴，在台下宴请群臣，又赏给百姓很多财物钱帛。百姓们也感到十分欢喜，指着灵台和灵池说："西伯，这已经不是一座普普通通的高台池沼了，这是您的灵台、灵池呀！"姬昌顺着百姓的手势看向灵台、灵池，心中对周国未来的希冀与信心又更添一层。当然，这不完全是因为灵台、灵池，更重要的是，通过这次修筑台、池之事，他看到了百姓对自己的信任与爱戴之心，这大概才是他身为西伯最大的骄傲吧！

> **读点古诗**
>
> ### 《诗经·大雅·灵台》
>
> 经始灵台，经之营之。① 庶民攻②之，不日成之。经始勿亟，庶民子来。③
> 王在灵囿，麀鹿攸伏。④ 麀鹿濯濯，白鸟翯翯。⑤ 王在灵沼，於牣鱼跃。⑥
> 虡业维枞，贲鼓维镛。⑦ 於论鼓钟，於乐辟雍。⑧
> 於论鼓钟，於乐辟雍。鼍鼓逢逢，矇瞍奏公。⑨
>
> 注：
> ①经始，"始经"之倒文；经，度量，指度量地基。灵，同"令"，善、美之意。灵台，古台名，故址在今陕西西安。营，建作。②攻，建造。③亟，同"急"。子来，像儿子为父亲做事般一起赶来。④灵囿（yòu），美丽的园林，或谓灵台之下的园囿，借以指代古代帝王畜养禽兽以供游玩的园林。麀（yōu）鹿，母鹿。⑤濯濯，肥壮貌。翯（hè）翯，洁白貌。⑥灵沼，池沼名。於（wū），叹词，下同。牣（rèn），满。⑦虡（jù），钟磬架的立木。业，装在虡上的横板。枞（cōng），崇牙，即虡上的载钉，用以悬钟。贲（rén），大。镛，大钟。⑧论，同"伦"，有条不紊。辟（bì）雍，天子为贵族子弟所设之学校；一说离宫名。⑨鼍（tuó），即扬子鳄，其皮制鼓甚佳。逢（péng）逢，鼓声。矇，有眸子而不能视物。瞍，无眸子。矇瞍，古代对盲人的两种称呼，乐官、乐工常由盲人担任。公，读为"颂"，歌；一说功也。

姜子牙隐居避世

近日，姜子牙去商赴周的想法越来越强烈。他已经七十多岁了，然而依旧一事无成。此前，他一直想得到朝廷的重用，奈何不得其时，到如今纣王帝辛即位，这位君王行事乖张，奢靡暴戾，并不是一位明君。他姜子牙要辅佐的，一定得是贤德之君，否则对不起他祖上的荣光。

其实，姜子牙一向不太喜欢与别人谈起自己的祖先，这倒不是因为自己祖上声名狼藉或者是籍籍无名。相反，他的祖上曾是四岳之官，为尧舜时期治理部落联盟的大祭司，在夏禹平治九州水土时也立有大功。因此，姜氏族人在舜帝、大禹时期便已经有了自己的封地——吕地和申地，而他又被称为吕尚，也是这个原因。只是到了自己这一代，家道中落，姜氏族人散落各地，大多数人就和自己一样，已成为普通人。每当回想起先祖的荣光，他总有一种忝为姜姓、吕氏之后的感觉。所以，这也更加督促他学习排兵布阵之术、治世济民之道，以用于当世，这样才对得起姜姓、吕氏一族。只是如今纣王残暴，暴虐生民，他这满腹经天纬地之绝学到何时才能得用呢？

闲下来的时候，他常常一人跑去海边垂钓，只有这样才能平复他的心绪。而他的老妻，日夜在耳边念叨让他做官，还几次以离去相逼。他每次只能开玩笑地说："现在我才七十多，还早着呢。到我八十岁的时候，一定会显达于世，你暂且耐心等待，总有富贵的那一天。"虽然嘴上是这样说着，但他心中对未来也充满了怀疑。明主在何处呢？其实他自己也不知道。

一日，姜子牙又去东海垂钓，路上看到一群又一群百姓，带着粮食和器皿往西走，脸上却不见一点疲惫辛苦，反而笑意融融，充满期待。他好奇地

> **学点知识**
>
> **姜子牙是哪里人呢?**
>
> 姜子牙的出生地一直是一个谜。《史记》上说他是"太公望吕尚者,东海上人",东海,即过去的东夷,今天的山东一带。《吕氏春秋》上则说:"太公望,河内汲人也。"河内汲,就是今天的河南省卫辉市。《战国策·秦五》记载:"太公望,齐之逐夫,朝歌之废屠。"说姜子牙以前,就是商都朝歌城中一个上门女婿,被妻子赶出家门,也是一个没有啥本事,以卖肉为生的屠户。那他到底是哪里人呢?众说纷纭,没有定论。本故事中,我们暂且以《史记》为依据,说他是山东海边的一个人吧。

▲ 清代墨绘本《封神真形图·姜子牙》

问了一嘴,一个老人家回答他说:"看你这年纪,跟我也不相上下。要不,你也跟我去西岐吧?总好过在这里等死强!"

"西岐?"这个地方太远了吧。他之前也有所耳闻,治理西岐一带的首领据说是黄帝的后裔,此前,那里的人还只是一个小小的部族,到后面一路迁徙到岐山,定居下来建都立邑,形成了稳固的周部落,成为西方诸侯之长,在上一任首领季历手中发展得好像还不错,只是不知如今新继任的首领如何。

"你还不知道吗?"那老者好像是发现了一件多么稀奇的事,把他上上下下打量了一番后,才说:"如今西岐的西伯宽厚善良,他会收留每一个老弱孤寡之人,好好安置他们,为他们提供生活所需。生活在西岐的百姓,个个都是心满意足、幸福安康。"说着,旁边另一位穿着破衣烂衫的行者也凑过来说道:"听说没有?前段时间,西伯派人开凿灵池,挖出了一具骸骨,西伯二话不说立马就让人把骸骨好好安葬了。还说什么,骸骨既然出现在周地,就是自己的子民,哪里忍心让他曝尸荒野呢?你想想,连一具骸骨都得到西伯的关照,更何况是活生生的人呢?"

姜子牙用手捋了捋那一把稀疏的白须,仔仔细细想了一想。听起来这位西伯德行还算出众,要是真如这些百姓所说,那也算是圣明君主了。与其在这里坐等时机,还不如自己主动去寻求这机遇吧!

一旁的老者见他迟迟不回复,便笑着摆摆手说:"我的话已经说到这儿了,去或是不去全在你。反正我在这里是待不下去了,自从这纣王继位后呀,我们的日子可真是越来越苦咯……"一面说着,一面继续往前赶路,留下一串数落之声。姜子牙打定主意,立马收拾好鱼竿、鱼篓回家,然后带着妻子往遥远的西岐赶去。

一路上,他们也见到不少往朝歌方向去的百姓,时不时听到他们私下评论西伯和纣王。当他们说起纣王的时候,要么神色哀戚,要么就是说到自己家人因为纣王的残暴奴役死去而义愤填膺,要么就是满脸恐惧。而当他们说起远在西岐的西伯侯时,往往是眉飞色舞,充满对未来的憧憬与向往。姜子牙想,这大概就是民心所向吧!这天下局势到了需要改写的时候了!这也更让他对那位素未谋面的西伯充满了好奇与期待。

姜子牙与这些百姓一路行走,终于到了潼关,然而守关的士卒以为他们是逃离徭役的百姓,不让他们出关,于是乌泱泱一群人便拥在关口哭号。守关的官员看到这一情形,内心隐隐有些触动。他曾是商朝的大将军,但因妲己的陷害,致使父母亲惨死,自己被贬到这里做守关的官员,对于纣王的所作所为,他敢怒不敢言。

姜子牙见此,便找到这个官员,语重心长地对他说:"将军,您的手下不

小古文

《史记·齐太公世家》节选

太公望吕尚者,东海上人。其先祖尝为四岳,佐禹平水土甚有功。虞夏之际封于吕,或封于申,姓姜氏。夏商之时,申、吕或封枝庶子孙,或为庶人,尚其后苗裔也。本姓姜氏,从其封姓,故曰吕尚。

放我们出关,大概以为我们是逃役的百姓。可事实是怎样呢?我们都是商朝的普通百姓。只是因为我王过于残暴,常常向我们敛财,奴役我们,以至于民不聊生。为了求一条活路,我们才想着要逃离朝歌。您看如今这商朝上下,多少百姓流离失所,甚至冻死饿死,难道您愿意我们也成为那些流离失所、冻死饿死中的一员吗?"见官员脸上有不忍之色,姜子牙进一步说道,"再者说,如今纣王宠信妖妃妲己,亲近小人费仲,无故杀了姜皇后,姜皇后的父亲不过是劝谏一番,却被醢为肉酱,而您曾身为大将军,如今也被废斥,贬到这个偏远之地。如此荒淫无道、违背纲常伦理的做法,您不去谴责,难道还要助他为虐,杀害我们这些手无寸铁的百姓吗?"官员被这一番话打动了,终于将姜子牙以及这些百姓放出了关。

姜子牙出关之后,并没有直接去找西伯姬昌,而是打算先找一个可以垂钓的地方作为落脚处。一个樵夫告诉他,在渭水之滨,有一个地方叫蹯溪,适合垂钓;而且那里还有石室可以居住,不失为一个好去处。于是姜子牙就在蹯溪安居下来,一面垂钓,一面静待时机。

姜太公钓鱼，愿者上钩

姜子牙在蹯溪隐居后，每日所做之事不过是钓鱼、采药。不过，他自知这样无法引来西伯姬昌的注意，于是编创了一套歌谣教给附近的渔夫和耕夫。而他所授之词，无非是分析历史成败之源与当今局势，如讲述纣王暴政："悬肉为林酒作池，鹿台积血高千尺。内荒于色外荒禽，嘈嘈四海沸呻吟。"又或者是表明自己非凡之才与远大志向："凤非乏兮麟非无，但嗟世治有隆污。"那些渔夫与樵夫虽然不解歌谣中的意思，但因崇慕姜子牙的才识，加之歌词新奇有趣，便也渐渐熟悉了这些歌谣，终日在山间吟唱。

一日，三五个渔夫结伴在洛谷溪钓鱼，他们一边钓鱼，一边击石吟唱起这首歌来。忽然，岸边一群人马朝这边走来，为首的一个披着甲胄的将军走过来道："今日西伯在此游猎，闲杂人等速速回避！"那三五个渔夫正惊慌无措，便见一人从后面走过来喝止道："别吓着他们，我就是出来走走。"众人抬眼看时，只见那人衣着朴素、面色和蔼却不失威仪，便知是将军口中的西伯了。渔夫们纷纷抛下手中的钓竿，拜道："小民等不知是您到来，万望恕罪。"西伯姬昌将他们一一扶起，问道："刚才你们在唱什么成汤扫桀、鹿台积血之类，我远远听见，感觉不一般。"一个渔夫站出来道："这歌是住在渭水西边一个鹤发童颜的老钓翁教给我们的，我们觉着好听，久而久之便会唱了。"

姬昌对身边一人笑道："辛甲，你看，我的梦果真应验了。"原来，昨天晚上姬昌梦见一头熊从东方飞来，飞到殿宇中，侍立在身侧。群臣都说是大吉之相，预示着他不久能收获一位贤良之才。散宜生还说："既然是从东方来，主公您就应该去东方游猎，以寻访贤能之人。"于是姬昌便带人来此游猎，寻访良材。一开始，辛甲还不信，如今听了渔夫们的说辞，也觉得西伯所梦似乎要应验了。

于是，他们一行人告别渔夫，浩浩荡荡往蹯溪而来。远远地，他们又听见一阵歌声。那歌声比先时那几个渔夫唱得还要高亢，歌词也流露出极大的自信及远大的抱负。姬昌立在车上，拍着车前的横木道："一定是那个贤者，快快前进，我要去见他。"

于是一行人加快步伐，往幽深的树林中去。然而进来之后才发现，唱歌的是一群种地的人，姬昌仔仔细细地将每个人都打量一番，发现并没有所谓的鹤发童颜

▲ 西伯梦见飞熊（《春秋五霸七雄通俗演义列国志传》插图）

之人，不禁失望地叹了口气。待心绪平复后，向他们礼貌地询问："你们刚才所唱之歌也是一位鹤发童颜的老钓翁教的吗？"一开始没人吭声，当辛甲亮明西伯的身份时，他们纷纷扔下手中的锄头，拜道："是的，那位老者说起来真是气度不凡，平常喜欢在渭水边钓鱼。而且他有一个怪癖，钓鱼用直钩，也不在上面设饵。我们之前笑他说这样钓不到鱼，他说自己钓的可不是鱼鳖，而是

小古文

《史记·齐太公世家》节选

吕尚盖尝穷困,年老矣,以渔钓奸周西伯。西伯将出猎,卜之,曰"所获非龙非彲,非虎非罴,所获霸王之辅"。于是周西伯猎,果遇太公于渭之阳,与语大说,曰:"自吾先君太公曰'当有圣人适周,周以兴'。子真是邪?吾太公望子久矣。"故号之曰"太公望",载与俱归,立为师。

王侯呢。"

姬昌听后,更加对这位钓翁充满期待,于是又问道:"他叫什么呢?住在哪里呢?"

一个耕夫答道:"姓名我们也不知道,只知道他住在蟠溪边的石室中,您如果要找他,顺着这水边道路往上,直接去上游找他就是。"

姬昌大喜,辞别众耕夫后,便带着众人又浩浩荡荡往上游来。行了不久,果然看到一座石室掩映在林木之间,旁边还有汩汩流淌的山泉,既清幽又淡雅。姬昌派人前去通传,不久一个小童走出来说:"恕罪,恕罪!您来得不巧。今早先生跟几位同伴上山采药去了,要三天后才能回来。"姬昌闻言,叹道:"访贤而不遇,真是我的不幸啊。"于是在姜子牙的琴台上留下一件自己随身所佩的玉器作为信物,以表明自己渴求贤才之心,临别时再三嘱咐小童一定要将今日寻访之事告诉姜子牙,并约定三日后再来。

回去之后,为了表示自己对这位贤才的尊重,姬昌下令三日后去蟠溪的人必须斋戒三日,不得怠慢。斋戒三日后,姬昌与众臣子再次赶赴蟠溪。这一次,他们还未至石室,便远远地看到一个端坐在溪边举竿而钓的老者。待靠近些,发现他满头银丝,面颊光彩照人,一如孩童。

▲ 子牙对答西伯（《春秋五霸七雄通俗演义列国志传》插图）

▲ 宋代钱选《渭水访贤图卷》

姬昌立马从车上下来，恭敬地向他行了一礼。姜子牙不为所动，唱起了先时教给渔夫、耕夫的歌。一旁的臣子有些看不过去，想要上前呵斥，却被姬昌拦住了，依然恭肃站立，认认真真地听他唱。等唱完后，才再次向老者行礼，问道："敢问老先生，您就是那些渔夫、耕夫口中所说的钓翁？"姜子牙先前所为本就是试探姬昌的诚心，当他算定姬昌那几日会到访，才故意避开他外出。假如他是一个诚心求贤之人，一定会再次来访。因此，当他听到小童的复述，看到琴台上留下的信物时，已经认定这是一位贤明之主，而适才自己无礼的行径，算是最后的试探吧。他要看看姬昌到底有多宽厚，诚心有多大。现在看来，果然没有让自己失望：这是个有德有贤，且将来会大有作为的君王。想到此，姜子牙放下钓竿，回拜道："请恕在下无礼！"姬昌连忙上前，止住道："我本就是来寻你的，哪里还会怪罪你呢？如今纣王无道，天下百姓都生活在水深火热之中，我想要去拯救他们，但是奈何自己无德无能，听闻老先生贤德有才，因此特来请您出山。如果您能助我共谋伐纣大业，为百姓造福，那真是天下所有百姓的幸事了。"

两人坐定后,姬昌再次拱手请教。姜子牙捋了捋胡须,沉吟一番道:"承蒙西伯抬爱,不过在下以为,现在还不是讨伐商纣的最好时机。"

"哦?还请您赐教一二!"

"虽然您已经被天下三分之二的诸侯拥戴,纣王失德失信,与百姓离心,但目前伐纣还有三大阻碍:其一,您以及您的父祖都是商朝的臣子,不能轻易以下犯上;其二,商朝的国运还未完全衰竭,内有微子、微仲、比干、箕子、胶鬲这一班贤臣,外有上千武将、百万军队,若是硬拼,难有胜算;其三,如今虽有百姓叛纣离商,但只是一小部分,还没有到举国皆叛的境地。西伯您现在应该做的就是尽臣子本分,行仁德之政,抚慰商朝百姓。等到民怨沸腾的那天,您只需打着吊民伐罪的口号,就可不费吹灰之力,一举攻下朝歌!"

这一番话,有理有据,有谋有略,如果不是洞彻天下局势的大才,是不可能说出来的。堵在姬昌心头多年的阴霾顿时豁然散去,他站起来,向姜子牙大礼拜谢。

两个白发苍苍的老人,一个年近九旬,一个八十多岁,大有相见恨晚之感,在渭水边一聊就是一天。直到夕阳西下,臣子们一再催促,姬昌才止住话题。末了，请问姜子牙尊姓大名。姜子牙答道："在下姓姜名尚，字子牙，号飞熊。因躲避纣王暴政，且听人说您敬老尊贤，才迁居到了这里。"姬昌一听，笑着对身后的大臣说："果然，我梦中见到飞熊东来，一点都不差。而且，先君太公曾说：'一定会有圣人来到周族之地，兴旺周族。'说的就是您吧？太公盼望您很久了！先生请跟我回西岐吧，我愿拜您为太师，时时得您辅佐。"

于是，姜子牙又得了一个外号"太公望"，在他人生的第八十二个年头，终于得遇明主，辅佐西伯姬昌，开启了周朝的崛起之路。

给孩子的话

古人说"学成文武艺，货于帝王家"，学得一身好本领，为朝廷效力，是人生最大的满足。一般来说，有大才之人，不光希望能够遇到赏识自己的人，施展一身才学，更应该找到一个能够为天下苍生请命的贤德之人来辅佐。姜子牙垂垂老矣，八十多岁才遇到周文王姬昌，得到施展才能的机会，也足够名留青史了。

商朝的三个贤人

连日来，纣王帝辛已经收到好几条关于姬发的消息，一会儿说他起兵了，一会儿说他到孟津了，一会儿又说他攻下哪座城池了，这使他明显感到一种焦虑与不悦。当然，他并不是害怕姬发，他周国不过就是一个小小的诸侯国，纵然这几年积累了些声望，却也不能和自己的几十万大军相抗衡。只是，他没有想到，那样一个低眉顺眼的小小诸侯，竟然也敢公然向自己宣战了！而他这一宣战，天下各路诸侯竟然纷纷响应，背叛自己投往周国。真是岂有此理！

不久前，长兄微子还向自己劝谏说，要提防周国，勤修政治，不然商朝很快就要被周国取代。他听了，觉得兄长之言真是可笑。他可是天子，又岂是一个小小的伯侯能够撼动的？因此，他召集来蜚廉、费仲、雷开等人，让他们带领五十万士兵，要

▲ 清代墨绘本《封神真形图 · 比干》

活捉姬发。纣王恨恨地想，要是捉到姬发，他不会立马处死他，而是要活活折磨死他，只有这样才能发泄自己的怒火。

蜚廉、费仲、雷开领命出征。不久，就有驻守边疆的臣子来信说："姬发的军队已经退了。"纣王一听，自觉姬发也不过如此，于是让费仲带兵在潼关驻守，并让雷开一路增修营堡，守住渑池，自己则继续与妲己等姬妾在摘星楼下饮酒作乐。

不过，他还是觉得心中有些堵得慌。一旁的妲己看着，忍不住问道："大王还是在为姬发起兵一事烦恼吗？"纣王道："前段时间西伯侯发兵来讨伐我朝，像殷郊、姜文焕这些人都已经投降。我商朝天下的百姓，也有三分之二都已经投往周国了。"妲己听说，便在一旁献计说："大王，如今天下百姓纷纷叛商投周，主要是因为您对他们太容忍了。要是您派人去各处查访，但凡有想投西岐的人家，灭他全族，这样，百姓就畏惧不敢逃跑了。"纣王一听，大喜道："确实是个好办法。这天下百姓只能是我的百姓，哪里能让他们逃往他处！"于是又派遣蜚廉、恶来等四处查访逃跑的百姓，但凡发现，便诛杀全家。百姓们更加畏惧、怨恨他了。

纣王的叔父箕子听说之后，大叹道："大王如此残虐百姓，自己却还日日饮酒作乐，这样下去商朝迟早会倾覆呀！"于是向纣王进言说："臣听禹王曾有这样的训诫之词：'一国之君在内纵情声色，在外沉迷游猎，追求酒肉享乐，筑造楼台宫室，只要这其中有一项符合，就可能会使王朝走向灭亡。'大王您现在看看，如今在内宠幸妲己，在外游猎不止，加之通宵达旦地饮酒作乐，又不顾百姓辛劳筑造楼台，哪一项没有犯了禹王的训诫？如今西伯侯施行仁政，而大王您施行的却是暴政，百姓想要远离暴政而投往仁政，这本就是必然的。大王您应该做的是改变您现在的做法，去暴存仁，这样百姓才会留下来，怎么能将逃跑的百姓处以极刑呢？"纣王听说后，感到十分愤怒，本想对他加以惩

小古文

《论语·微子》节选

微子去之,箕子为之奴,比干谏而死。孔子曰:"殷有三仁焉!"

《史记·宋微子世家》节选

微子开者,殷帝乙之首子而帝纣之庶兄也。纣既立,不明,淫乱于政,微子数谏,纣不听。及祖伊以周西伯昌之修德,灭阢国,惧祸至,以告纣。纣曰:"我生不有命在天乎?是何能为!"于是微子度纣终不可谏,欲死之,及去,未能自决,乃问于太师、少师曰:"殷不有治政,不治四方。我祖遂陈于上,纣沉湎于酒,妇人是用,乱败汤德于下。殷既小大好草窃奸宄,卿士师师非度,皆有罪辜,乃无维获,小民乃并兴,相为敌雠。今殷其典丧!若涉水无津涯。殷遂丧,越至于今。"曰:"太师,少师,我其发出往?吾家保于丧?今女无故告予,颠跻,如之何其?"太师若曰:"王子,天笃下菑亡殷国,乃毋畏畏,不用老长。今殷民乃陋淫神祇之祀。今诚得治国,国治身死不恨。为死,终不得治,不如去。"遂亡。

箕子者,纣亲戚也。纣始为象箸,箕子叹曰:"彼为象箸,必为玉杯;为杯,则必思远方珍怪之物而御之矣。舆马宫室之渐自此始,不可振也。"纣为淫泆,箕子谏,不听。人或曰:"可以去矣。"箕子曰:"为人臣谏不听而去,是彰君之恶而自说于民,吾不忍为也。"乃被发详狂而为奴。遂隐而鼓琴以自悲,故传之曰《箕子操》。

王子比干者,亦纣之亲戚也。见箕子谏不听而为奴,则曰:"君有过而不以死争,则百姓何辜!"乃直言谏纣。纣怒曰:"吾闻圣人之心有七窍,信有诸乎?"乃遂杀王子比干,刳视其心。

微子曰:"父子有骨肉,而臣主以义属。故父有过,子三谏不听,则随而号之;人臣三谏不听,则其义可以去矣。"于是太师、少师乃劝微子去,遂行。

罚,但念在他是自己的叔父,因此只把他囚禁在南牢中。群臣知道后,纷纷劝阻:"箕子是您的叔父,即便是有罪,也不应该囚禁羞辱他。"纣王这才将箕子释放,将他贬为庶人。

▲ 诗谱比干死节（《春秋五霸七雄通俗演义列国志传》插图）

箕子出狱后，就佯装疯掉，每日披头散发，在街市上悲痛哭号，引得百姓也落泪不止。妲己见此，又向纣王进谗言说："箕子每日在外哭号，散布谣言诋毁大王。这样下去，会使大王您的威望受损啊。大王何不将他捉起来斩首示众呢？"于是纣王又让费仲将箕子捉回来。再见箕子的时候，他穿着破烂的衣裳，蓬头垢面，跌坐在大殿上又哭又笑，已经半疯半癫了。纣王见此，不忍下手，于是将他囚禁起来。箕子就此佯装癫狂，遁世隐居不出了。

这件事后来传到了王叔比干耳中，他既觉得无比心酸，又对纣王感到深深的失望。箕子是纣王的叔父，更是商朝的重臣，对于商朝的忠心天地可鉴。可即便是这样，还要被纣王如此虐待，这何止是罔顾人伦？就算是在君臣层面，纣王也不该如此对待忠臣。于是，他也准备向纣王进谏。他的家人劝阻道："之前箕子进谏，结果你也看到了，为什么你还要这样不管不顾地惹他生气，难道你不怕死吗？"比干叹道："相比自己身死，我更怕的是商朝灭亡。君王有了过错，作为臣子，本就应该进谏；如果不进谏的话，最终遭殃的还是天下的百姓啊。这本就是我的职责所在，又何惧生死呢？"于是，他将纣王残害大臣、宠幸妲己、虐待百姓等数十条罪状一一列出，上奏给纣王。纣王果然大怒，下令让人把比干抓起来。

比干没有丝毫惧色，还一迭声骂着"昏君误国，商朝将亡"的话，这让纣王更觉愤怒，说："我听人说，圣人的心上有七个洞，如今你比干被朝廷上上下下称为圣人，我倒想看看你的心脏上是不是真的长了七个窍！"于是下令让人杀了比干，用利器剖开了他的胸膛，并向其他大臣恐吓道："以后，再有违抗王命进谏者，就是这个下场！"在场的大臣战战兢兢，不敢多说一句。

比干被剖心的事传到了民间，百姓听说后，感到十分哀痛。微子观如今纣王的德行，知道他终究是不会听劝，因此叹道："父子之间是以骨血相连的，君臣之间是以道义捆绑的，所以父亲有了过错，作为子女屡次劝阻而不听，只能哭泣随他而去。但是君王有了过错，臣子屡次进谏而不听，其中的道义也就没了。如今纣王杀害宗室之亲，不听忠臣之言，还掩饰自己的过错，为这样一个暴君赴死，实在是不值得。我不如早早离开吧。"于是便逃离了商朝。

箕子、比干、微子三人本是商朝的能臣忠臣，却最终在纣王的残害下隐的隐，死的死，逃的逃，致使商朝失去了最后的支柱。因此，不久之后，周武王姬发再度起兵，一举便攻破了朝歌，覆灭商朝。

武王伐纣

西伯姬昌去世以后，其子姬发继位，追谥先君为文王，尊姜子牙为师尚父。他沿袭先君文王的仁德之治，继续积攒在百姓与众诸侯国中的声望，同时也不忘厉兵秣马，暗暗谋划着伐纣事宜。

姬发时刻牢记着先君文王的交代，不能随意起兵，要静待时机；一旦时机到来，便可毫不迟疑地举事。因此，姬发只得将纣王囚禁父亲、杀害兄长的仇恨按在心底，隐忍待发；但他日日关注朝歌动向，以求寻得时机。

在姬发继任的第九个年头，他决定在孟津举行一场大型的军事演练活动。这场军事演练并非为讨伐纣王而举行，而是想要确定或者说证实一下，周国如今的实力到底如何，以及在各诸侯国中的地位。演练的当天，来观摩的诸侯有八百多人，三军士气如虹，演练结束后，诸侯们无不欢欣鼓舞道："现在是时候出兵讨伐纣王了。"但姬发不为所动，以"不知天命"

▲ 佚名《周武王立像》

▲ 武王与子牙议伐商辛（《春秋五霸七雄通俗演义列国志传》插图）

为由拒绝了。因为时机还没有成熟，商朝还未到糜烂无救的时候，不能贸然出兵。

时间又过了两年。这日，打探消息的人回报说，纣王近年行事越来越昏庸，不仅对百姓的索取和奴役越来越过分，而且丝毫不听劝阻，但凡让他听到一些违逆自己的话，便要下令杀死说话的人。先前，王叔比干进谏，却被纣王剖心示于群臣；王叔箕子也被囚禁。如今朝廷内外人心惶惶，民怨沸腾，纷纷逃离朝歌。

如今不仅百姓愤怒，连大臣们也不再拥护纣王，那些忠臣良将也被纣王诛杀得所剩无几。时机已成熟！姬发立刻召集众大臣商议伐纣之事。姜子牙首先说道："臣观商朝如今朝政不兴，百姓日日苦不堪言，纣王也是众叛亲离，国运已经到头了。如果举兵东伐，大有胜算。大王不如打出'吊民伐罪'的口号，代替上苍讨伐无道，拯救百姓，将会得到更多人的支持。"大臣散宜生接着道："以往，圣明的君王在征战之前，一定要建一个祭台用作拜将之用，以表示对将领以及将士的尊重。这样的话，他们会倍加鼓舞，无往不胜。臣请求大王也效仿古制，修建祭台，使这场战争更加名正言顺。"其他臣子也各抒己见，大体来说，都是支持讨伐商纣的。

与群臣商议一番，形成大致的伐纣方略。姬发一边命掌兵的将领日夜加强军队的操练，一边吩咐姬奭等带领五百壮士，在城南修建祭台以备拜将之用。

不久，祭台修好，

▲子牙排兵布阵（《春秋五霸七雄通俗演义列国志传》插图）

姬发带领群臣来到南郊。姬发先是向天地祭拜，然后请姜子牙走上祭坛，亲自捧了金印向他拜道："纣王无道，天下的百姓饱受奴役虐待之苦，如今我愿顺应民意发兵，奈何自己智谋不够，不懂得行兵打仗之术。我请求尚父您出谋划策！"姜子牙接过金印，道："天命没有定数，唯有贤德之君才是众望所归。如今纣王作茧自缚，而大王您勤政爱民，为您出谋划策讨伐纣王，这是我的职责所在。"于是姬发封姜子牙为东征大军师，监督军中内外事宜。祭礼完毕，姬发让姜子牙坐上中军之车，亲自为他抽起车轫，推动车轮。经过一番动员，周国上下对于讨伐纣王一事气势高涨。

在东征之前，姬发告知天下各路诸侯："商有重罪，不能不讨伐，我如今顺应天意，吊民伐罪，是救百姓于水火之中。天下若有意愿者，可跟随我一同出兵伐纣！"天下诸侯群起响应。于是姬发亲自带领三百辆戎车，点虎贲三千人，甲士四万五千人，浩浩荡荡向朝歌进发。至二月份，姬发抵达商朝的郊外牧野，同来的还有各路诸侯及所带四千余乘兵车，几路大军会合于此。为鼓舞军心，姬发还在牧野与众诸侯举行了庄严的誓师仪式。

▲武王驾入洛阳（《春秋五霸七雄通俗演义列国志传》插图）

这是姬发日思夜想的一刻。祖父流的血，父亲罹的难，兄长遭的罪，百姓受的苦，都在这一刻同时汇集到他的胸膛之中。他左手拿着黄色大斧，右手举着白色牦牛尾，用一种高亢嘹亮而异常坚定的声音说道："远劳了，我的将士们！辛苦了，我的邻邦友国们！现在，举起你们的戈，排好你们的盾，竖起你们的矛，我要开始宣誓了。古人说：'没有母鸡在早晨啼叫的，如果有，这个人家家道就会衰落。'如今纣王对妇人的话言听计从，抛弃自己祖先不祭

小古文

《史记·周本纪》

　　武王即位，太公望为师，周公旦为辅，召公、毕公之徒左右王，师修文王绪业。九年，武王上祭于毕。东观兵，至于盟津。为文王木主，载以车，中军。武王自称太子发，言奉文王以伐，不敢自专。乃告司马、司徒、司空、诸节："齐栗，信哉！予无知，以先祖有德臣，小子受先功，毕立赏罚，以定其功。"遂兴师。师尚父号曰："总尔众庶，与尔舟楫，后至者斩。"武王渡河，中流，白鱼跃入王舟中，武王俯取以祭。既渡，有火自上复于下，至于王屋，流为乌，其色赤，其声魄云。是时，诸侯不期而会盟津者八百诸侯。诸侯皆曰："纣可伐矣。"武王曰："女未知天命，未可也。"乃还师归。

　　居二年，闻纣昏乱暴虐滋甚，杀王子比干，囚箕子。太师疵、少师强抱其乐器而奔周。于是武王遍告诸侯曰："殷有重罪，不可以不毕伐。"乃遵文王，遂率戎车三百乘，虎贲三千人，甲士四万五千人，以东伐纣。十一年十二月戊午，师毕渡盟津，诸侯咸会。曰："孳孳无怠！"武王乃作《太誓》，告于众庶："今殷王纣乃用其妇人之言，自绝于天，毁坏其三正，离逷其王父母弟，乃断弃其先祖之乐，乃为淫声，用变乱正声，怡说妇人。故今予发维共行天罚。勉哉夫子，不可再，不可三！"

　　二月甲子昧爽，武王朝至于商郊牧野，乃誓。武王左杖黄钺，右秉白旄，以麾。曰："远矣西土之人！"武王曰："嗟！我有国家君，司徒、司马、司空、亚旅、师氏，千夫长、百夫长，及庸、蜀、羌、髳、微、纑、彭、濮人，称尔戈，比尔干，立尔矛，予其誓。"王曰："古人有言：'牝鸡无晨。牝鸡之晨，惟家之索。'今殷王纣维妇人言是用，自弃其先祖肆祀不答，昏弃其家国，遗其王父母弟不用，乃维四方之多罪逋逃。是崇是长，是信是使，俾暴虐于百姓，以奸轨于商国。今予发维共行天之罚。今日之事，不过六步七步，乃止齐焉，夫子勉哉！不过于四伐五伐六伐七伐，乃止齐焉，勉哉夫子！尚桓桓，如虎如罴，如豺如离，于商郊，不御克奔，以役西土，勉哉夫子！尔所不勉，其于尔身有戮。"誓已，诸侯兵会者车四千乘，陈师牧野。

　　帝纣闻武王来，亦发兵七十万人距武王。武王使师尚父与百夫致师，以大卒驰帝纣师。纣师虽众，皆无战之心，心欲武王亟入。纣师皆倒兵以战，以开武王。武王驰之，纣兵皆崩畔纣。纣走，反入登于鹿台之上，蒙衣其珠玉，自燔于火而死。武王持大白旗以麾诸侯，诸侯毕拜武王，武王乃揖诸侯，诸侯毕从。武王至商国，商国百姓咸待于郊。于是武王使群臣告语商百姓曰："上天降休！"商人皆再拜稽首，武王亦答拜。遂入，至纣死所。武王自射之，三发而后下车，以轻剑击之，以黄钺斩纣头，县大白之旗。

祀，抛弃自己的兄弟不任用，竟然听信任用天下重罪逃亡的小人，残害百姓，祸乱朝政。我姬发如今要代替上苍对他施以惩戒。今天的战事，会很辛苦。行六七步，你们就停下来休整一下吧；击刺时，超过四五六七次时，就停下来修整一下吧。努力吧，将士们！你们如此威武，要像虎罴豺豹一样前往商郊，不要对那些跑来帮助我们的百姓抱有恶意进行阻拦。用尽你们的全力去战斗吧，只有奋力，才能胜利。如果你们不奋力，就会被敌人杀死！"底下的将士被这番话说得心潮澎湃，斗志昂扬起来。他们紧紧握住手中的兵器，对这次战斗报以坚定的信念与信心。

而在另一面，当纣王听说姬发带领各路诸侯发兵而来，也派出七十万大军抵抗。然而，纣王的兵士虽多，却没有打仗的心思，更何况他们也早已受够纣王的残暴统治，因此纷纷阵前倒戈，恨不得姬发立马攻入朝歌。纣王见此情形，一边哀叹大势已去，一边穿上华丽的衣服，带着珠宝和姬妾，在鹿台之上自焚而死。

姬发大军进入朝歌城，在宫人的指引下，找到了纣王的尸体。姬发用箭向纣王的尸体射了三箭，下车后还用佩剑击打了一下，然后用黄色的斧头砍下了纣王的头颅，悬挂在白旗之上。于是，在中华文明史上承续了五百多年的殷商时代，就此落下帷幕。

万国诸侯

姬发攻入朝歌，覆灭商朝以后，一度陷入了迷茫之中。虽然他知道如今还有许多事情要做，比如安慰流离失所的百姓，犒赏作战的士兵及诸侯，抑或做好"称王"的准备，但是目前，有一件更为紧迫的事横亘在他心头，使得他郁郁寡欢，无心去思考其他的事。

他从空荡荡的宫殿中出来，往城门方向而去。太阳这时已经隐没于山峦之中，夜幕已至，

▲ 周武王（清代佚名《历代帝王圣贤名臣大儒遗像》）

月亮渐渐显露出了银白的圆盘似的轮廓，群星闪烁，仿佛在昭示着一个新的时代的到来。姬发想起了父亲和自己多年来的筹谋，以及砍下纣王头颅的那一刻，或许是这仇报得太过容易，反而让他有一种异样的感觉。在誓师的时候，他也是慷慨激昂的，那种复仇之心重燃的斗志使他所向披靡，不多时就到达了鹿台。看到那位杀死自己兄长，囚辱自己父亲，虐待天下百姓的纣王，他的血液早已沸腾，直到自己砍下纣王的头颅，那种大仇得报的快感确实有一瞬间使他得到极大的满足。可是过后不久，他便陷入了一种新的精神荒芜之境。他已经达成了这样一个目标，但这目标完成之后呢？他觉得前路一片茫

小古文

《史记·周本纪》节选

其明日,除道,修社及商纣宫。及期,百夫荷罕旗以先驱。武王弟叔振铎奉陈常车,周公旦把大钺,毕公把小钺,以夹武王。散宜生、太颠、闳夭皆执剑以卫武王。既入,立于社南大卒之左,右毕从。毛叔郑奉明水,卫康叔封布兹,召公奭赞采,师尚父牵牲。尹佚策祝曰:"殷之末孙季纣,殄废先王明德,侮蔑神祇不祀,昏暴商邑百姓,其章显闻于天皇上帝。"于是武王再拜稽首,曰:"膺更大命,革殷,受天明命。"武王又再拜稽首,乃出。

封商纣子禄父殷之余民。武王为殷初定未集,乃使其弟管叔鲜、蔡叔度相禄父治殷。已而命召公释箕子之囚。命毕公释百姓之囚,表商容之闾。命南宫括散鹿台之财,发钜桥之粟,以振贫弱萌隶。命南宫括、史佚展九鼎保玉。命闳夭封比干之墓。命宗祝享祠于军。乃罢兵西归。行狩,记政事,作《武成》。封诸侯,班赐宗彝,作分殷之器物。武王追思先圣王,乃褒封神农之后于焦,黄帝之后于祝,帝尧之后于蓟,帝舜之后于陈,大禹之后于杞。于是封功臣谋士,而师尚父为首封。封尚父于营丘,曰齐。封弟周公旦于曲阜,曰鲁。封召公奭于燕。封弟叔鲜于管,弟叔度于蔡。余各以次受封。

然。这样想着,不知不觉,就到了城墙之上。

举目望去,夜风中的火把忽明忽暗摇曳不定,守城的士兵也许是白日作战累了,正倚着城墙打盹。姬发见此,放轻了脚步声,绕道走到城墙另一头,然后静静地伫立在城墙之上。风从漆黑的山谷平原那边涌来,带动旗帜在风中猎猎作响,这更使姬发感到一阵寒冷,他摸了摸自己的胳膊,冰凉一片,但这也让他清醒起来。

从成汤建商始,至今日自己伐纣止,商朝的历史已有五百余年。五百余年,这是一个何其漫长的时间概念,然而饶是这样漫长的时间,数代君王的勤勉耕耘,最终也免不了倾覆的命运。或许每一代国君都曾想过,让自己的子孙永远统领天下,让自己的国家长盛久兴,但历史有时不免偏离人的设想。

商朝灭夏之初，何其显耀强势也！百姓归顺，诸侯臣服，也算是成就了成汤的一代霸业。可是纵然先人如此雄才大略，也免不了出现如纣王这样残暴荒淫的后代；加之世事无常，人心易变，以往建立的旧制度总有不合时宜的时候，如此，朝政积弊，诸侯离心，谁能保证一个国家始终繁荣昌盛如初呢？拥有五百年

▲ 姜太公（清代佚名《历代帝王圣贤名臣大儒遗像》）

历史的商朝尚且如此，何况是自己呢？姬发望着漆黑的前方，一种无力感爬上心头。

忽然，他觉得肩上一沉，一只温暖而厚实的手掌覆上肩头，回头望去，原来是尚父姜子牙。姜子牙将手中的轻裘递给姬发，说："大王，如今还未入春，夜晚寒气回侵，您要保重身体。"姬发道了谢，接过裘衣披在身上，然后问："尚父怎么来了？""那大王您怎么来了呢？"姬发深深叹了口气道："心中烦忧。"姜子牙笑道："那臣就是来解大王的烦忧的。""尚父可知我烦忧何事？"姜子牙捋了捋那一把稀疏的胡须，笑道："臣观今日各诸侯请大王继大位，可是大王却坚决推辞，想来大王说'商王残暴，天命已绝，我只是代替上苍讨伐商朝，是顺应之举，哪里敢称大统'这句话，恐怕不完全出自本心吧。在大王内心深处，或许还有一种对未来的忧惧吧。"姬发无奈地笑了笑道："果然还是尚父了解我。"姜子牙收起了调侃，正色说道："大王，如今商朝已灭，天下大势已定，确实需要您出来主持局面。"姬发没有应他。

姜子牙望向漆黑的夜里，再度问姬发说："大王，你来看，站在这里能看

▲ 清代陈士倌《圣帝明王善端录·周武王》

到什么？"姬发纵眼望去，在月光下依稀能辨出一些山的轮廓，于是便道："是一些难以辨认的山脉，或许还有河流。""可是在臣看来，这城墙之外，是每一寸土地，每一条河流，每一片山脉与每一户人家，清晰可见。大王说难以辨认，或许是因为仍处在黑暗之中，所以难以辨认罢了。"姬发不置可否。"大王的忧虑臣懂，您不过是看成汤五百年江山毁于一旦，故而忧虑自己后世子孙也会像如今的暴纣一样，将先辈创下的基业拱手送予别人。可是大王您忽略了一件事……"停顿片刻，姜子牙继续说道，"商是商，周是周，二者不可相提并论。虽然商朝的覆灭有纣王之过，但一国想要真正强盛，有两个先决条件：一要内无忧，二要外无患。纣王的过错，一在于荒淫无道，致使内政不稳；二就是朝廷对地方诸侯的控制也未完善，致使商朝外政动荡不安。在此内忧外患之下，自然不免倾覆之危。"听到这里，姬发两眼顿时发光,问道:"内政不修,我知道,可是这外政不安怎么说?"

"商王为巩固统治,选择将臣服的部落或方国加封侯、伯的称谓,给予他们权力。虽然恩惠施与了,他却没有明确规定这些侯伯的责任与义务,没有让他们意识到'商'是天下共主,因而容易生叛意。所以你看,商朝在时,虽然小邦众多,但是时而投降、时而背叛的状况也很多。所以,天下总是动荡不安。"

"原来如此。"姬发像是如梦初醒,深以为然,"这内政如何操持我知道,告诫子孙,重用良材,勤勉于治,也可保内政稳定。可是这外政该如何解决呢?"

"眼下许多随大王出征的功臣都在等着犒赏,大王除赏赐财物以外,必然还会对他们进行分封。这分封不能与旧制一样,只是赐予他们土地和百姓,而是要明确大王您与他们是君与臣的关系,臣子必须服从君主的命令,并且您还需使他们明白自己的义务。除须为您镇守疆土以外,当您要出征时,只要您命令,他们须随从您作战。"姜子牙觉得自己不能说得太多,有些治国方略还得靠姬发自己去领悟,"臣所能想到的,就这些了,大王您自行斟酌。""如此一来,天下都认我为主,那么周国的统治就得到巩固稳定了。"姬发激动地握住姜子牙的手,感觉自己前方的道路又清晰起来,"不过,这封赏之人应该如何选择呢?"

"或许可以分为这几类吧:其一,是在此次战争中的有功之臣,这是必要的,也是最为紧迫的,对这些功臣的抚慰与激励不能拖延;其二,为防止如商朝那样出现方国侵扰的现象,臣以为可以对一些前朝遗孤进行安抚封赏,以防止他们作乱,比如纣王之子武庚,在经历父死国灭的情况下,如果不进行政治安抚,就很容易激起他的反叛之心;其三,若要内政安定,大王可以将封地分给自己的同姓同宗,有血缘这层关系在,他们既难生叛心,同时也会竭力辅佐周王室的统治。"

"好！"姬发拍掌笑道，"感谢尚父的开导，我如今前路已明，我们这就回去商讨具体事宜。"说完，便拉着姜子牙急匆匆地下了城楼。

于是，在公元前1046年的一天，姬发继承大统，在弟弟姬旦与姬奭辅佐下，进入朝歌举行了祭社大礼，至此，周朝建立。周朝建立之初，为防止诸侯作乱，分封了一大批诸侯，其中大部分是周朝王室子弟，比如周公旦、召公奭、毕公高、管叔鲜、蔡叔度等，也有一些有勋劳的功臣以及投降的殷商贤臣及后代。

▲ 武王分土封诸侯（《春秋五霸七雄通俗演义列国志传》插图）

姬发不仅赐予他们封地人口，允许他们建立诸侯国，并且认可他们在侯国进行再分封，但这些诸侯必须服从周朝的统治，以周天子为尊，为天子镇守疆土。除此以外，诸侯还有向周天子朝觐述职、随从作战，以及缴纳贡赋的义务。至此，周天子为天下共主的局面正式开启，周朝也在分封制的拱卫下形成了众星拱月般的政治格局，开始了中国历史上长达八百年的国祚。

周公平叛

武庚自被封殷地之后，终日闷闷不乐。这其实也是人之常情，父死国灭，任谁经历这样的事心中都会有一丝恨意。故而，即便是姬发给了他殷商旧地让他做诸侯，也不能抚平他心中的创痛。在他看来，这不过是姬发安抚民心而施行的一种笼络手段罢了，就是怕自己以及殷商遗民再次起兵叛乱。不然，他为何在朝歌周围再设诸侯国，派他的兄弟管叔（姬鲜，排行第三）、蔡叔（姬度，排行第五）、霍叔（姬处，排行第八）三人（号称周初三监，为监护殷商的顽军遗民）继续留在商邑呢？说是辅佐自己治理旧殷之地，恐怕是监视的成分多一些吧。

不过，通过这段时间的观察，武庚发现，管叔与蔡叔二人似乎也并不太乐意留在朝歌。一日，他与管叔、蔡叔饮酒，酒至酣处，听到这二人吐露心中的不快。管叔说："我兄弟二人为大王守朝歌已有四五年，不说有功劳，也有苦劳，但不管是先王（姬发于克殷三年后驾崩，谥号'武王'），还是现在

▲ 周公（清代佚名《历代帝王圣贤名臣大儒遗像》）

小古文

《史记·鲁周公世家》节选

其后武王既崩,成王少,在强葆之中。周公恐天下闻武王崩而畔,周公乃践阼代成王摄行政当国。管叔及其群弟流言于国曰:"周公将不利于成王。"周公乃告太公望、召公奭曰:"我之所以弗辟而摄行政者,恐天下畔周,无以告我先王太王、王季、文王。三王之忧劳天下久矣,于今而后成。武王蚤终,成王少,将以成周,我所以为之若此。"于是卒相成王,而使其子伯禽代就封于鲁。周公戒伯禽曰:"我文王之子,武王之弟,成王之叔父,我于天下亦不贱矣。然我一沐三捉发,一饭三吐哺,起以待士,犹恐失天下之贤人。子之鲁,慎无以国骄人。"管、蔡、武庚等果率淮夷而反。周公乃奉成王命,兴师东伐,作大诰。遂诛管叔,杀武庚,放蔡叔。收殷余民,以封康叔于卫,封微子于宋,以奉殷祀。

的大王(姬诵,即周成王),都没有召我们回镐京。难道我们就一辈子守在这里吗?"蔡叔灌了一爵酒,道:"谁说不是呢?我们留在这地方为他看守朝歌,四哥(周公姬旦,武王之弟,排行第四)却在京中得到大王的重用。""明明都是先王的兄弟,大王的叔叔,为什么我们就该得如此下场?"正说到义愤填膺处,门外忽有人通传镐京的使者到来,几人慌忙整理好衣襟,出门迎接。

走出屋门的那一刻,无疑,管叔与蔡叔的心情都是复杂的。一方面,他们害怕自己对周公旦的不满与嫉恨传到镐京,使者因此来问责。另一方面,他们又期待着,这次使者到来,是大王念自己这些年守卫有功,想要将自己召回镐京。毕竟,如今的天子也不过十二三岁,治理那样大的国家,需要一帮良臣贤才。一见面才知道,使者既非为问责而来,也非为嘉奖而来,而仅仅只是颁布了一个寻常的诏书。使者将要走时,蔡叔忍不住问道:"如今天子年幼,是否需要一二贤臣辅佐左右呢?"使者笑道:"这是自然。如今正是周公在主持朝政,辅佐天子。"

这不问则已，一问之后，更让二人怒火中烧。使者走后，蔡叔将诏书摔到地上，说："我们在这地方身居下职，然而这四哥可是越爬越高，如今竟都能摄政行事了。可笑我们兄弟二人还在这破地方什么都不知道。"管叔道："如今天子年幼，要是四弟对天子行不轨之事，自己坐上王位，那我们两人岂不是只能在这里眼巴巴看着他成为天子？"武庚在一旁撺掇道："你们啊，要保全自己，就得想办法。为今之计，只有先打入镐京，杀了周公。"然后又装作一副愁眉苦脸的样子道："我是前朝遗民，帮不了你们什么忙。而且，如今周公身居冢宰，摄政行事，也没有什么过错，没有发兵的理由呀！"蔡叔道："这有何难！我们就在天下散布流言说，周公有弑君夺权之心，等它传到镐京，或许不用我们出兵，大王听到之后就能废掉他。"

于是他们便在朝歌散布此种流言，并编成童谣在大街小巷传唱。不到数月，这流言便传到了朝堂之上。然而姬诵听到后不但没有治周公的罪，反而将传唱谣言的人处以极刑。这更让管叔、蔡叔暴跳如雷。于是，他们商议一番，干脆联合霍叔、武庚，率军往镐京而来。姬诵听闻这"三监"联合武庚叛乱，便知此前流言是这几人散布的，问大臣说："此事如何处理？"有大臣站出来说："大王不如就让周公带兵前去平叛，就可向世人证明周公到底有没有篡位夺权之心了。倘若他有，得兵之后必然立马背叛大王，倘若没有，那就让周公去收拾外面那几位逆贼吧。"姬诵听罢，不免犹豫不决，毕竟，这可是用自己的江山做赌注。然而经不住众大臣作保，姬诵终究还是让周公带兵前去平叛了。

周公带着军队一行走到了管叔、蔡叔、霍叔驻扎的潼关。两军对垒，兄弟四人相见，感情已是大不如从前。周公旦忆起幼时与管叔、蔡叔、霍叔几人相伴玩耍的情景，再看如今他们一个个怒目圆睁，似是要将自己生吞活剥一样，不免感到一阵悲凉，问道："既是同胞兄弟，你三人为何要如此污蔑我？"

三人答道："既是同胞兄弟，为何你可以留在镐京大权在握，而我三人只能屈于小地方做一个小小的诸侯？"武庚在一旁看到，生怕他们兄弟四人就此和解，于是催促三人赶紧交战。于是，一场兄弟间长达三年之久的战争就此开始。最终，周公的军队打败叛军，流言得以制止，管叔与武庚被诛杀，蔡叔被放逐，至于初涉叛乱的霍叔则被贬为庶民。

蔡叔姬度为同谋，为什么没有被杀呢？据说，周公的儿子伯禽将蔡叔绑来，想让周公处决他。蔡叔哭道："这都是武庚在中间挑拨，我们兄弟三人才会受此蛊惑呀。三哥已死，难道兄长您还要将另一个兄弟亲手杀死吗？"周公叹道："罢了，罢了，既是同胞手足，又何必做此残忍之事，将他们赶尽杀绝？"于是让手下人将他押回牢房，又对他的儿子伯禽说道："虽然如今叛乱已经平息，我的清白也已得到证明，但是在大王的心中，这颗怀疑的种子已经种下。此时，我再回镐京已经不合适了。不如你替我班师回朝，去向大王奏明征战之事，我就在这里躲避嫌疑，等到大王宣召我再回镐京吧。"

伯禽无法，只得先行回朝。姬诵见只有伯禽带着军队回来，便问："王叔呢？为何不见回来？"于是伯禽将父亲所言转述给姬诵，并将周公为蔡叔求情一事禀明。朝臣听后，道："大王，周公如此善良忠厚，不计前嫌为蔡叔求情，可见他是一个心地磊落之人。况且他如今也已证明自己的清白，大王您就派人去将他请回来吧。"姬诵听后沉默不语，很久之后，才决定将蔡叔改为流放，而对迎回周公之事没有回应。

这年秋天，天下大旱，百姓颗粒无收。姬诵与众大臣不知该如何是好。召公与毕公说："以前先王在时，曾留下一个金縢之匮藏在这殿中，里面有一本占卜之书可以验证吉凶，如今遭此天变，大王不如找来此书占卜一下？"于是姬诵叫人寻来此盒。打开一看，里面除占卜之书外，还有一支薄薄的记载周公欲代替先王赴死的竹片。姬诵询问史官，史官便将过往之事告知姬诵。

姬诵听完，懊悔道："原来叔父是这样大度重义之人，是我误解叔父了，才招致这样的天谴！如今先王的阴灵指引我找到此书，定是想要我悔过，这都是我的过错呀！"群臣听完，无不痛哭流涕。

于是姬诵派召公、毕公带着自己的诏书前去迎接周公回朝。经历此事之后，姬诵与姬旦之间，臣子关系较之以往更为亲密。等到姬诵长大成人，行了冠礼，周公便将朝政大权还给了姬诵。而周公一生的功绩被后人概括为"一年救乱，二年克殷，三年践奄，四年建侯卫，五年营成周，六年制礼乐，七年致政成王"，促成了周朝长达四十余年的成康之治。

▲ 成王读金滕书（《春秋五霸七雄通俗演义列国志传》插图）

桐叶封弟

又是一年秋天，周成王姬诵望着眼前逐渐由绿转黄的梧桐树，不由想起了远在唐国的弟弟叔虞（姓姬名虞，字子于，因封于唐，后世也称唐叔虞），心中感慨万千。已经很长一段时间未见面了，也不知他近来如何。

他还记得，三年前的那个春天，他与叔虞二人在此玩耍，叔虞央求自己为他摘下一片高处的梧桐叶，自己则摘下了梢间最青嫩的一片，用手将它撕成了薄薄的珪玉状，笑着对叔虞说："来，寡人将这一珪玉分封于你，望卿不负寡人期望，为寡人分忧。"叔虞也很乖巧地接过，笑着拜道："臣弟拜谢大王，定不辱命。"二人对视，不免大笑起来。

姬诵本以为这不过是一次小小的玩笑，可是第二日，王叔周公听史官说后却急匆匆地赶来询问自己。姬诵道："王叔，您多虑了！这不过是我们小孩子间的玩笑话，当不得真。"而周公却义正词严地说："天子无戏言！大王的话一说出口，便会被史官记录下来，希望大王您赶紧赐予叔虞封地，以兑现诺言。"姬诵没有一点思想准备，又舍不得这位亲弟弟，便只好问道："那王叔您以为应该分封叔虞哪里为好？"周公答道："如今唐国一直动荡不安，如果能将王室之人派去唐国镇守治理，将是唐国莫大的荣幸。"姬诵虽没有亲政，也知道唐国自父王建国以来就一直动荡不宁。前不久，唐国还发生叛乱。如今将叔虞封于那样一个地方，岂不是将他往火坑里推吗？于是他道："唐国现下不安，叔虞能镇得住吗？王叔还是为他另外选择一块好的封地吧。"周公却道："大王过于忧虑了。我观叔虞幼时就聪明果敢，定能治理好唐国。况且，越是这种不安之地，越能体现一方诸侯的才干，大王若是想要叔虞获得功绩，

小古文

《史记·晋世家》节选

晋唐叔虞者，周武王子而成王弟。初，武王与叔虞母会时，梦天谓武王曰："余命女生子，名虞，余与之唐。"及生子，文在其手曰"虞"，故遂因命之曰虞。

武王崩，成王立，唐有乱，周公诛灭唐。成王与叔虞戏，削桐叶为珪以与叔虞，曰："以此封若。"史佚因请择日立叔虞。成王曰："吾与之戏耳。"史佚曰："天子无戏言。言则史书之，礼成之，乐歌之。"于是遂封叔虞于唐。唐在河、汾之东，方百里，故曰唐叔虞。

唐国便是最好的历练之地。再者说，叔虞诞生前，先王就说过，天帝托梦于他，此麟儿将来可接管唐国，延绵周王室之恩，惠泽百姓。因此，叔虞此去，必能使唐国大治。"

姬诵想起了叔虞还未出生时，父王向大臣们说的梦，说是有一天梦到天帝对他说："因你父与你推翻商纣暴政，拯救黎民有功，我今特赐你一麟儿，赐名为虞，使他将来接管唐国。他将来会是一位贤良之主，创一方基业，使你周室恩泽广延久绵，惠及百姓。"大概，叔虞真是为治理唐国而生的吧。于是姬诵点了点头，算是默许了。

为叔虞设宴饯别的那日，尽管叔虞也满脸泪痕，但还是手握着那片桐叶，庄重向姬诵宣誓："臣弟此去必不辱大王之命，竭尽全力治理唐国百姓，使我周室之威，周室之德，遍布乡野。"那日的誓言，庄重诚恳，激昂澎湃，常常让姬诵想起，感动莫名。

不久，有使者来说，叔虞有报呈上。姬诵回过神来，激动地接过书简，一字一句认真阅道："臣弟幸不辱命，如今唐国内乱已经平息，百姓安居乐业，其乐融融。前日，臣弟在唐国境内发现一株双穗稻，百姓都言此为祥瑞，臣

▲ 元代王振鹏《养正图·桐叶封弟》

弟想将此物进献于王兄。不日，臣弟便将带着这株'嘉禾'赶赴镐京，望兄勿念。"姬诵看后笑道："果然叔虞不负我，来人，快快清扫宫殿，准备迎接叔虞归朝！"

于是，众人前前后后里里外外忙碌一个多月，终于等来了叔虞。叔虞进京的那日，百官都来都门外迎候，姬诵亲自将他迎回宫中。叔虞呈上手中的木盒，向姬诵拜道："臣弟蒙天子护佑，使唐国得治。前不久，臣弟得到这一嘉禾，愿将此进献给大王，愿大王福寿绵延，愿周朝万世永昌。"姬诵接过细细观赏一番，笑道："好，好！今日得此祥瑞，实在是我周朝一大幸事。众位大臣看这嘉禾如何？"侍从接过木匣一一给大臣观赏，众大臣都啧啧称奇。一大臣建议："大王，我看这嘉禾实为罕见，如果不作诗歌咏，岂不可惜？"群臣纷纷附和。"只是，"只见那位大臣又叹道，"我们这众人中，没有一人的才华能比得上周公，可惜周公还在平定三监之乱，不能来此亲见。"姬诵笑着摆摆手道："这有何难，寡人派人先将这嘉禾带去给王叔看，等他看完，一并赋诗寄回即可。"群臣都赞此法好。

且说众臣散后，周成王下阶来，拉着叔虞的臂膀瞧了又瞧，笑道："长高了，也长壮了，不过，也瘦了不少。"说这话时，他的眼中隐隐有了泪光。叔虞笑道："王兄不要担心，臣弟在唐国一切都好。倒是王兄，不要过于操劳才是。"姬诵道："走，带你去瞧瞧王宫内那棵梧桐树。"说着，二人便阔步走到梧桐树下。

"昔日我们在此树下做孩童之语，没想到，因为一句戏言，竟真将你送去了那个动荡之地。"每每想起此事，姬诵心中都觉得有些愧疚。叔虞安慰道："王兄不要这么说。我还得感谢王兄当初将我派去唐国治理呢，您看，臣弟如今也能独当一面了呢。"姬诵看看满树摇曳的梧桐叶，叹道："是啊，你长大了。就像这梧桐树叶一样，也不再需要我的护佑了。""王兄！"叔虞拜道，"还记得当初您赠予我桐叶时说的话吗？""记得。望卿不负寡人期望，为寡人分忧。"叔虞挺直了腰杆，铿锵有力地说道："臣弟今日还是用当日之话回复王兄，定不辱命！"话虽然一模一样，可如今却已完全脱去了往日的稚嫩，充满了坚定与稳健。姬诵望着他，泪水因感动而充盈了眼眶，他将叔虞扶起，二人就静静地站立在树下谈论小时候的事。

风吹过梧桐树，带起树叶一阵哗啦啦的响声，像是在复述昔日的故事，又像是在为此刻的情景轻歌咏舞。

甘棠听政

七月的郊外,太阳炙烤着大地,灼热难当。举目望去,只有几户人家孤零零地立在道路两侧,而路旁那些往日争奇斗艳的花草在这一刻也纷纷蔫头耷脑,失去了往日的光彩与神气。行走在酷热漫长的道路上,即便是体力再好的人,难免也会因脚底滚烫、脸上汗如雨下而感到疲惫,生出点怨言来。这不,一旁跟随着的侍从说话了:"主公,您当初就不应该答应大王来此巡查的,这样热的天,我们都吃不消,何况是您呢?要是您被暑热熬坏了身子怎么办?"召伯伸手用袖袍擦了把汗,没吭声,一脸凝重地看着前面滚烫的尘土路。

时间又回到了一个月前的大殿上。成王端坐于大殿上,不无担忧地说道:"如今虽然天下安定,但也要防止乡野百姓作乱。如果他们心中对朝廷有不满的情绪,我们需要及时进行疏导,否则这种不满情绪越积越多,容易使百姓离心。要知道,很多时候,一件大的事情就是由这些小的事情积压引起的。因此,寡人想派人南下巡查,不知哪位大臣愿意前去?"

众人听完,你看看我,我看看你,面上都露出了犹疑之色。要知道,如今已是酷暑,南方更是酷热难当,且郊野道路难行。此番南巡,实在太过

> **学点知识**
>
> 召伯,又称召公,本名姬奭,为西周宗室,曾与周公旦一同辅佐周武王,周朝建立后被封于蓟,建立燕国。但为了辅佐周武王,召伯将燕国交与自己的儿子姬克管理,自己则留在镐京辅佐周武王。周武王去世后,周成王姬诵继位,召公以太保的身份继续留在姬诵身边,辅佐君王,在百姓与群臣心中留下了良好的印象,《诗经·召南》中的《甘棠》篇便是称赞召伯甘棠听政的故事。

劳累。正犹豫间，只见召伯(姬奭，又称召公)阔步站出来道："大王，臣愿意南下，为大王广布德行，教化百姓，以安百姓之心！"

于是，一身粗布衣裳，一双草鞋，召伯便带着侍从一路南下去了。首先到的地方是一方偏僻之地，百姓稀少，且土地贫瘠，百姓之间常因粮食、土地等发生争斗之事，难以调和。但好在百姓热情，对外人会报以极大的友善，因此，主仆二人赶路并不觉得孤单。只是没想到，才不到

▲ 召公甘棠听政（《春秋五霸七雄通俗演义列国志传》插图）

三日，召伯便做出了一个惊人的决定，他要挨家挨户去了解情况，作好记录。这样酷热的时节，可苦了那位侍从。一开始，他还能接受，但随着连日来的疲惫，他也不免开始唠叨起来。虽然他们的查访进程已过半，但这位侍从觉得，自己的腿早已无法在滚烫的土地上迈进，再这样下去，恐怕自己会中暑而

小古文

《史记·燕召公世家》节选

召公之治西方,甚得兆民和。召公巡行乡邑,有棠树,决狱政事其下,自侯伯至庶人各得其所,无失职者。召公卒,而民人思召公之政,怀棠树不敢伐,哥咏之,作《甘棠》之诗。

亡,小命葬送在这里。因此,他苦苦哀求,希望召伯可以休息一下。

召伯看着大汗淋漓的侍从,歉疚地说:"辛苦你了。要不,我们先找个地方歇一下吧,等休息好了再去也不迟。"

侍从一听,立马来了精神,指着前方路旁的一棵棠梨树说:"主公,您看我们在前面那棵树下休息如何?"召伯点点头。于是,侍从欢天喜地地赶到棠梨树下拾掇干净,让召伯坐下,自己站在一旁歇凉。

这棵棠梨树高大茂盛,像一把巨伞一样,在阳光下撑开大片绿荫。不时微风吹过,二人都觉得此刻惬意舒适,拂去心头不少燥热。召伯开口道:"俗语说,前人栽树,后人乘凉,我们如今得以倚靠着这棵棠梨树歇息,应该对种下这棵树的人心怀感恩啊。"侍从连忙点头称是。

二人正歇着,忽然看到前方不远处走来一群人,似乎是直奔自己这一方向而来。等到人群靠近,才知道确实是来找他们的百姓。召伯站起来,询问百姓来找自己所谓何事。一个面貌黝黑、身躯健硕的村夫说道:"我们听说召伯是一个大贤人,到了我们这里之后,不仅帮助我们百姓解决生计问题,而且还要挨家挨户走访,了解情况。我们怕召伯您辛苦,特意从家中赶来,您有什么问题直接问我们就好了,我们一定如实回答,这样您就不用辛苦地跑来跑去了。"另一个满头银丝的老妇提了水壶,给他们二人一人倒了一碗水,道:"这

▲ 百姓存棠思召伯（《春秋五霸七雄通俗演义列国志传》插图）

么热的天，来，喝点水，解解渴。"召伯看着这些纯朴的百姓，心中既觉得感动，又觉得惭愧。他接过老妇人手中的碗喝掉水，说道："感谢你们的关爱，这是我职分所在，怎敢劳动你们在这么热的天走这么远的路呢？"

那老妇人接过碗，又给召伯续了一碗水，递给他说："召伯有所不知，我们这个地方，地广人稀，您要是挨家挨户地寻找，不知得走到什么时候呢！而我们只要在邻里知会一声，大家就都能赶到您那里去，岂不是更方便吗？"召伯想了想，确实如此，只是办事的公衙离这里还有一段距离，要是让这些百姓走这么远，岂不是更劳累他们？猛一抬头，他看到了头顶郁郁葱葱的树叶，心中便有了主意，说道："那就依你们所言吧。

只是你们也不必去公衙找我,我们就以这棵棠梨树为目的地吧,你们来这里找我就可以了。不管你们是来向我汇报家中情况,还是诉说困难,都可以。"百姓们迟疑道:"那不还得劳驾召伯您从住处走到这里吗?这日头这么毒……"召伯摆摆手,笑道:"不妨事,你们走一段,我们走一段,在此相聚,最为公平。而且你们看这树叶这样茂密,不会让我们晒着的。"百姓无法,只得答应。

> **读点古诗**
>
> 《诗经·召南·甘棠》
>
> 蔽芾甘棠,勿翦勿伐,召伯所茇。
> 蔽芾甘棠,勿翦勿败,召伯所憩。
> 蔽芾甘棠,勿翦勿拜,召伯所说。

于是,在接下来的每一天,召伯天还未亮便赶到棠梨树下等待百姓,为他们排忧解难,决讼断狱,处理公事。等到太阳落山,他还会不时去百姓家中走访,查看实情。当地的官吏几次想要接召伯去公衙办案,或者是让百姓腾出房间供他休息,但都被召伯拒绝了。召伯说:"与其劳动那样多的百姓,不如劳动我一人,这才是替天子行仁政。"百姓听说之后,大为感动,到处称赞召公体恤民情,善待百姓。

因此,等召公离去之后,当地的百姓便将这棵棠梨树保护起来,并命名为"甘棠",以纪念召伯的贤德事迹。而关于召公甘棠听政的故事也被百姓编成了歌谣进行传唱,后收入《诗经》中,传诵至今。

楚人胶舟溺昭王

"诸位,南方的楚蛮们又发生了叛乱,这已经是十几年来的第三次了。他们公然挑衅寡人的权威,难道真不怕寡人灭了他们?"大殿之上,周昭王冷冷的声音响起,使得原本肃穆的宫殿更添了一层冷寂与威严。群臣不敢吱声,因为他们知道,楚人的叛乱也并非毫无缘由。

虽然南方诸国或者部族地处偏僻,文化落后,但是拥有丰富的铜矿资源。第一次平叛胜利后,昭王就看上了这片土地上的丰厚资源。第二次南征,仅仅是因为一点小小的动荡,周昭王便发动了声势更为浩大、军威更为隆盛的征讨,带回了大量的战利品,其中就包括了珍贵的铜。这种行为引起了南方诸部族的不满,因此,楚人从战败的情绪中缓过来,便继续发动叛乱,以反抗昭王的统治。

自武王伐纣建立周朝开始,历经成康之治,到他继承康王传下的大位,至今已近七十年。如今,正是周朝国力鼎盛的时期,他十分渴望自己能像先祖文王、武王,建立不世功勋,垂名后世。因此,他需要让自己的威名远播,震慑四方。那么,从楚蛮下手不失为良策:既有平叛的功绩,也可从那些部落中获得更多的资源,发展生计,可谓一举两得。想到这,周昭王不无凛然地说:"既然楚蛮们如此蛮横,不知安分守己,那么寡人再带兵南征吧。"

"大王,万万不可啊!"大臣中有人站出来反对,"前几次平叛,我们虽然获得了胜利,但是大王在楚蛮之地的行为已经让那里的百姓感到不满了。要是再次南征,非但不会使这些楚蛮臣服,恐怕会进一步激起他们心中的怨恨啊。"群臣附和:"是啊,大王,如今最紧迫的不是远征,而是安抚啊。"

小古文

《史记·周本纪》节选

昭王之时，王道微缺。昭王南巡狩不返，卒于江上。其卒不赴告，讳之也。立昭王子满，是为穆王。

"众位爱卿都多虑了。"周昭王摆摆手制止了他们，说道，"安抚和远征，都是使他们臣服的手段，不过一个是以'礼'，一个是以'武'罢了。对待有礼数的人我们自然以礼待之，但是像对待楚蛮这样不通教化、不知礼数的部落，只能用武力使他们屈服。"昭王略略思索了下，继续说道，"安抚的事你们就不用说了，寡人已经决定，继续南征！前几次我们都打了胜仗，他们不是我们的对手，诸位不必担心。"

众大臣也无法，只能随他。退朝之后，有臣子叹息道："先君文王、武王在时，对待各路邦国，都是先以礼待之，争取团结；若是实在无法团结，再行兵事。可是如今大王凡事不问缘由，只以武力震慑，这样下去，迟早会生变故呀！"

不久，周昭王就组织起一支更大规模的南征队伍，御驾亲征，带着军队渡过汉水，与楚人厮杀。无疑，周昭王获得了第三次胜利，毕竟他所带的士兵都是训练有素的，当地散乱的部族自然难以抵挡。这次，他们又获得了大量的战利品，仅铜器就堆满了将行的船只。

南征，本就让楚人部族怨恨昭王。因为战争不仅搅乱了他们原本风平浪静的生活，而且让他们流离失所、妻离子散。那些在战场上死去的部族勇士，都是他们的亲人、朋友，丧亲之痛只会令他们对昭王的仇恨日益加深。更令

▲ 楚人诈进胶舟（《春秋五霸七雄通俗演义列国志传》插图）

人愤怒的是，昭王还将楚地的财富席卷一空，运至成周（今河南洛阳），他们原本贫苦的生活更加难以维系。因此，当他们听说昭王将要第三次南征时，便想了一个办法。由于楚地与镐京、成周没有陆路相通，昭王的军队只能通过船只到达这里，因此，楚人便丢弃铆钉，将木板用胶粘接，专门为周昭王造了一艘大船。

等到周昭王打了胜仗，带着士兵返回汉江时，他不禁感叹："三征三胜，也算是不辱先人了，只是不知后世能否记得寡人的功绩。"一旁的楚人听到，赶忙上前说："大王，我们都已被您的威势所震慑，如今对您心悦诚服。为了彰显您的威望，我们特意为您造了一艘大船，献于您。"说着，用手指向前方。昭王顺着楚人手指的方向看去，一艘巨大的船只屹立于眼前。这艘船不仅船体巨大，且缀有彩绘锦幅，显得十分华丽，威风凛凛。

周昭王十分高兴，让人打赏了这位楚人，然后率众登上了船。大船开始航行，站在巨船上，周昭王感到前所未有的骄傲与满足。这几次征战，已经充分让天下人看到了周朝的国势，看到了他这个天子的威望，这正是他所期待的万国臣服的景象。他想到不久之后，所有人臣服于自己脚下的场景，那时他的功绩，一定远胜过先祖。

正畅想之间，忽然有人惊呼："船要散了！"周昭王低头看时，只见甲板处几块木板已然离散，船只正在不断下沉。原来船只行到河中央，楚人在船底粘上的胶液便被水融化，船只开始解体。船上一群人开始乱起来，昭王也乱了阵脚。一个巨浪打来，周昭王彻底被打落水中。等到后面的小船跟上，进行打捞救治时，昭王早已没了气息。

于是，原本属于周天子胜利的果实，连同周昭王那些辉煌灿烂的未来，就这样一同沉寂在了汹涌的汉水之中，再也不见了。

八骏巡游

周昭王于南征途中溺亡,其子姬满继位,史称周穆王。周穆王可不像他的先祖那样励精图治,反而追求玩乐,好大喜功。

有一次,他听闻世上有一种能日行千里且不知疲倦的骏马,很想见识一番,于是便专门挑选了七位能干的手下让他们带着财物去民间各处搜寻。

> **学点知识**
>
> 文中所言八匹骏马的名字是根据《拾遗记》中的记载,以其行动速度而命名,而在《穆天子传》中,这八匹骏马以毛色划分,分别称为赤骥、盗骊、华骝、白义、逾轮、山子、渠黄、绿耳。

不久,这几位手下还真的为周穆王找来了八匹骏马,周穆王看着它们奔跑的神态,十分高兴,一一按照它们的特点为它们取了名字。一匹奔跑起来马蹄基本不会沾到地面,不带起丁点泥土,周穆王将其命名为"绝地";一匹奔跑速度非常快,简直超过飞鸟,名为"翻羽";一匹可以在夜里奔跑千里,名为"奔宵";一匹奔跑起来能追赶太阳,名为"越影";一匹毛色十分鲜亮,名为"逾辉";一匹奔跑起来能在人眼中留下十个影子,名为"超光";一匹如生双翼,奔驰如电,名为"挟翼";一匹矫健轻盈,奔跑起来如行云端,名为"腾雾"。

周穆王得到这八匹骏马后,喜不自禁。他一面命人好好犒赏进献的人,一面派遣一名叫造父的大臣训练骏马,并为他驾车。这造父本就是御马好手,再加之得到这样的良马,驾起车来更是得心应手,一日便能游尽京中所有地方。周穆王大为满意,终日乘着马车在京中游玩。一日,周穆王忽然想起:

> ## 小古文
>
> ### 《帝鉴图说·八骏巡游》节选
>
> 周史纪：穆王臣造父善御，得八骏马。王使造父御之西巡，乐而忘返。东方徐夷，乘间作乱，周乃中衰。
>
> ### 《国语·周语上》节选
>
> 穆王将征犬戎，祭公谋父谏曰："不可。先王耀德不观兵。夫兵戢而时动，动则威，观则玩，玩则无震……今自大毕、伯士之终也，犬戎氏以其职来王。天子曰：'予必以不享征之，且观之兵。'其无乃废先王之训而王几顿乎！吾闻夫犬戎树惇，帅旧德而守终纯固，其有以御我矣！"王不听，遂征之，得四白狼，四白鹿以归。自是荒服者不至。

京中各地已然游遍，何不去边远之地游玩一番呢？如今天下已然安定，没有多少事需要我处理，何不索性驾车出巡西北，一面览尽天下盛况，一面向世人炫耀我周朝威仪呢？于是便抛下手中政事，命造父驾车，巡游天下。

他们一路向西北出发，沿途经过各诸侯国，诸侯纷纷顶礼膜拜。沿途有民众向周穆王进献牛、羊等物品，周穆王则使人以珠宝相赠。

一日，周穆王一行人行到离犬戎部落不远的地方落脚。派去打探前路的人回来报说："犬戎部落的首领听说大王您要来，并没有表现出多大的热情，还是自顾自地做事。"周穆王听后十分不满。事实上，周穆王本身就对这些戎狄部落抱有鄙视之心，他认为这些身处周朝西部偏远之地的部落，并没有被周朝的先进礼乐文明所完全同化，部落中人依旧野蛮无礼。前去打探的人还报告说："听说这几年，犬戎部落开始学习我们周朝的文化，势力也逐渐强大起来了，将来恐怕会对大王您不利啊。"

周穆王思忖良久，觉得应该在他们强大起来前挫挫他们的锐气，使其彻底

▲ 清代贾全《八骏图》

臣服周朝，这样，他们以后才会对周朝更为恭敬。于是，第二日，周穆王将身边的臣子召集起来，商议征伐之事。

祭（zhài）公谋父首先站出来反对："大王，如此万万不妥。我朝历代天子在世时，推崇的是向四方宣示自己的德行，而不是用武力去使四方屈服。您这样做，是背离了先王的教诲，废除了历代天子定下的规矩呀。再者说，如今犬戎没有过错，且已经逐渐开始学习我们周朝的礼乐文化，与我们建立起良好的关系。如果这时候贸然去攻打他们，只会激起他们的叛逆之心，今后恐怕难以修缮与他们的关系啊。"

"寡人难道害怕这小小的犬戎不成？"周穆王满不在乎地说，"那戎与狄，不过是西北蛮荒之地的边民而已，无论在军事上还是文化上，都远远比不上我周朝。如今征讨，正是借机显示我周朝实力的大好机会。"

"大王，虽然犬戎在军事上不及我周朝，但是我听闻，犬戎近年在边地一直施行敦厚仁德的政策，得到很多百姓的支持。我们此次征讨，一定会遭到他们激烈的反抗。即便是打败了他们，也不会从他们那里得到多少好处。"

但周穆王坚持说："不必说了！对于犬戎这个西夷蛮族，一定要用武力震慑他们，不然难以使他们臣服。卿与其在这里劝谏寡人止战，不如好好想想如何打赢这场仗吧。"祭公谋父无法，只得退下。

几天之后，战事开启。一如祭公谋父所料，周军与犬戎一战虽然轻松取胜，但并没有什么大的收获，只获得了四匹白鹿，四匹白狼，俘虏了五位部落首领。周穆王大失所望，于是将犬戎部落迁往太原（今甘肃平凉、镇原一带），自己则带着队伍继续往西行，一面显示自己的武力，一面乘机游玩，一直到了昆仑西王母治下之地，乐而忘返。

无疑，周穆王的西巡使得更多边远地区认识到了周朝的强大，也加强了周朝对边远地区的控制。但因为周穆王的征伐，周朝与边远地区刚建立起的良好关系毁于一旦。正如那次周穆王讨伐过西戎后，周边的戎狄部族索性再也不向周朝进贡，断绝了与周朝的联系。周王朝在西北边地的威信就此丧失殆尽。

给孩子的话

从很多传说故事中，我们可以看到，周穆王不仅是浪漫的天子，更是个很有主见的天子。但他攻打犬戎之事，却破坏了文王、武王以仁德感化戎狄等边远族群的大政方针。而且对犬戎这场战争，周穆王并没有取得什么实质性的胜利，只是带了四白狼、四白鹿回到王城来。或许所谓的四白狼、四白鹿，只是周穆王为亲征没有取胜所找的借口，意为至少还是带了战利品回到都城。

仁义的徐偃王

一生仁义的徐偃王嬴诞，在他人生的巅峰时刻迎来了此生最大的危机。因为周穆王忌惮他的名望，想要铲除他，便令人向楚子（周成王时，封熊绎于楚蛮，封子爵，芈姓，故国君称楚子）告知徐国对周朝不敬，有叛逆之心，即刻调兵前去剿灭，匡扶周室。

这其实不是周朝第一次与徐国交战。徐国是夏朝时的诸侯国，自周朝开国以来，徐国便多次连同旧商臣子叛乱，已经成为周朝的眼中钉、肉中刺。虽然徐偃王向周穆王称臣，周穆王也封他为伯爵，认可他东方诸侯盟主的地位，但是，表面的和平并不代表两者真正的和平相处，反而在暗中相互角力，形成了分庭抗礼之势。徐国自徐偃王继位以来，努力学习周朝文化，通过仁义之治在汉水以东地区积累了德威，壮大了声势。在他的治下，徐国的土地扩大到五百里，且因为平素积累的威望，东方一带的诸侯国都对其仰慕敬服，每年前来进贡的诸侯多达三十六国。周穆王对此耿耿于怀，但碍于徐偃王的威望，且又没有正当理由，所以迟迟不敢发兵讨伐徐国。可是这反而助长了徐偃王的声威，使得他更加不将周天子放在眼中。

在徐偃王看来，徐国本为伯益之子嬴若木的后代，因辅佐大禹治水有功，被大禹封于徐地，才有了如今的徐国。若论起一国的历史来，周朝尚且没有徐国的资历老。只是徐国没有参与伐商一事，此前也不知与各路诸侯结成联盟，因此才失去成为天下共主的机会，不得不一直盘踞于江东一带，在此发展。如今，周天子无心政事，整日乘着骏马四处征战，周王室的威望在诸侯国之间已然大减。徐国强盛时期，是徐驹王（即嬴诞的父亲嬴绥称王）时期。

▲ 穆王下召征夷（《春秋五霸七雄通俗演义列国志传》插图）

嬴诞素来就不服周朝的统治，因此继位不久，便以"王"自称，后世称徐偃王。徐偃王不仅称王，还建造了比周天子的王城更大的徐国都城。周穆王对此当然十分恼怒，一个小小诸侯国的规格竟然超出天子，这难道不是在公然挑衅天子的权威吗？因此，不久之后便有了周穆王修书给楚，使楚发兵灭徐一事。

接到周穆王的诏书，楚子颇费踌躇。如今徐偃王广施仁义，且素有威德，如何能讨伐徐国呢？况且如今徐国是在与周天子抗衡，如果徐国胜利了，楚国该如何自处？因此，他一直举棋不定，难以决断。

臣子王孙厉见此情形，便向楚王进谏说："君上，您如今迟迟不愿发兵攻打徐国，但是徐国一旦强大起来，一定会攻打楚国，使楚国臣服的啊。"

楚子惊问道："这话怎么说？"

王孙厉道："我听说大国讨伐小国，势强的国家讨伐势弱的国家，就像拿

小古文

清·徐时栋《徐偃王志》节选

穆王六年春,君朝于京师。是时徐戎方逼,天子分东方诸侯,使君主之,是始锡命为伯。君通沟陈、蔡之间,得朱弓朱矢。徐处汉东,地方五百里。既受命天子,乃弛戈甲之备,堕城池之险,修行仁义。被服慈惠,视物如伤,以怀诸侯。诸侯贽玉帛死生之物于我者,三十有六国。是共戴君为王。

于是楚王孙厉谓楚子曰:"汉东诸侯三十六国,胥服徐矣,不伐,楚必事徐。"楚子曰:"偃王有道,好行仁义,不可伐。"王孙厉曰:"臣闻大之伐小,强之伐弱,犹石之投卵也,犹大鱼之吞小鱼也,犹虎之啖豚也,又何疑焉!且夫文不达德,武不任力,乱莫大焉。"楚子曰:"善。"

穆王三十五年,楚人伐我。君曰:"吾闻之也,君子不处危邦,贤者不顾荣禄。吾其去之。"去之彭城,民从之者数万人,居之,是为徐山。

北魏·郦道元《水经注·济水》节选

偃王治国,仁义著闻,欲舟行上国,乃通沟陈、蔡之间,得朱弓矢,以得天瑞,遂因名为号,自称徐偃王。江淮诸侯服从者三十六国。周王闻之,遣使至楚,令伐之。偃王爱民,不斗,遂为楚败,北走彭城武原县东山下,百姓随者万数,因名其山为徐山。

着石头去打鸡蛋,像大鱼吃掉小鱼,老虎吞掉小猪一样,是轻而易举的事。楚国和徐国,本来两国的实力差距就很大。如今徐国虽然在江东颇有威德,但是徐偃王素来只修仁义,而不操练士兵,军事方面的能力明显不足。现在,正是攻打他们的好时候。君上您不要犹豫了,趁早出兵攻打徐国才是上策,不然等徐国军事强大起来,一定会反过来攻打楚国的!"

楚子听了,深以为然,于是连夜点兵五万,一路打着"僭越周礼"的名号,浩浩荡荡向东进发。

楚军来攻,于麒麟谷展开阵势,徐偃王慌了手脚。他没有想到,楚国的

大军竟然敢攻过来,让他一点准备都没有。他只好连忙派将军伯谟抵抗,可是徐国的士兵素来缺乏训练,一到打仗的时候便暴露出了这一弱点,伯谟几战几败。

徐偃王本以为凭借着自己的仁义可以称霸天下,没想到因为忽视军事方面的操练,导致如今接连败退的下场。看到如今的局面,他这才悔悟,平日里,只仰赖文德而不修武

▲ 楚人大战麒麟谷(《春秋五霸七雄通俗演义列国志传》插图)

备,只施行仁义而不知道强化军事训练,终究无法使国家走得长远。看到如今前线败退的伤兵残将,徐偃王自责不已,再面对一城之中日日惊忧恐惧的百姓,更觉惭愧至极。于是,徐偃王便做出了一个决定:他向楚子请求,自愿放弃王位,隐居山林,并恳求楚军不杀城中的百姓一人。楚子将这一消息

告知周穆王，周穆王自然允诺。毕竟，赶尽杀绝也不是自己这个天子的意愿，要是激起徐国百姓及周边诸侯国激烈的反抗就不妙了。

徐偃王弃城往南行走，一直行到彭城。一路上，百姓纷纷哭号挽留，有的甚至自愿跟随徐偃王迁往彭城，随行的民众有数万人之多。徐偃王到了彭城后，便在深山之中隐居下来，再也没有走出彭城一步。这座山后来被称为徐山。

而在徐国那边，自徐偃王出走之后，楚国全胜，信守了不伤害百姓的承诺。由于徐偃王在当地很得民心，即便是出走后，百姓还对他念念不忘。周穆王无法，于是便封了他的儿子徐宗继任徐国国君，继续管理徐国。但徐国爵位就此从"伯"位，降为了"子"位，领土也被削减至不足百里。从此之后，徐国就一直在楚国与吴国的夹缝之中求生存，再也没有了以往的大国风范。

给孩子的话

徐国的兴衰告诉我们，一个国家要想保持长久的强盛，对内施行仁政，获得百姓的支持是重要的方法，能够促进社会生产的发展；对外虽然也应以友好互助的外交政策为主，赢得较好的外部环境，但也不能不加强军事训练，以保卫自己的国土。

密康公亡国

暮色渐浓，当残阳敛去最后一丝余晖后，宫殿之内，寒气便陡然增生。一位老妇人坐在内殿一侧，脸上的神情在夜幕中显得晦暗不明，然而那身上的气势却足以骇人。一位点灯的宫人走进来，见到老妇人坐在案前，不敢吱声，只默默点好油灯。正欲出门，却被叫住，只听得那老妇人冷峻地问："国君还没有将那三个女人送走吗？"

宫人慌忙伏地答道："太后，小人不知。只是听说，君上才传唤人送了许多美酒佳肴到寝殿中，不知要做什么。"

"愚蠢！"那老妇人倏地站起身，厉声道，"我看这密国的土地将要在他手中断送了！你去把国君叫来，就说我将断气了，请他来见最后一面。"宫人听完，战战兢兢地出去了，留下老妇人独自在屋内来回踱步。

这位老妇人，正是密国国君康公的母亲——密国太后，而她所说的三个女人便是昨日密康公带回来的。这是怎么回事呢？

原来，昨日周共王（**也称恭王**）姬繄（yī）扈到密国境内的泾水游玩，密康公作为东道主，自然是跟随左右。这时，从河边走来三位女子，长得妖娆美艳，魅惑动人。周共王与密康公君臣两个都看呆了。两人都想抱得美人归，但密康公色胆包天，仗着自己是主人，吩咐手下将这三个美人连哄带骗地带回了宫中，把姬繄扈气得一愣一愣的，好久才回过神来，看着左右侍从，似乎在说：寡人还没说话，他怎么敢将美人带回宫中呢？

密国太后听闻后，大吃一惊！要知道，如今这周天子，不似先前的昭王、穆王那样一味逞强好胜、纵乐游玩，而是励精图治，一心想重振周王室的威望。对外主张和平联络，不以武力施压边民，与边民保持了相对和平稳定的关系；对内，则允许土地自由买卖，并要求贵族如实上报田产，按规定交税，同时也使国人可以安于生产，创造更多的财富。从以上种种迹象可以看出，如今的周天子绝对不是昏庸之人。可越是这样，越是令人感到恐惧。如今周王室威信衰减，周天子一定要找到一个合适的人作为靶子，重新树立威信。现在自己的儿子

▲ 密女采三蕊花（《春秋五霸七雄通俗演义列国志传》插图）

当着周王的面"抢"走那三个美女，岂不是不顾天子颜面吗？想到这儿，她不禁感到一阵胆寒。

"母亲，您怎么样了？"正想着，殿外传来一阵喊声，密康公人还未进屋，声音便传了进来。进来一看，却见太后端坐在案前，他不禁狐疑地看了眼身旁的宫人。宫人被他这样一盯，将头深深地埋了下去。

太后遣退了宫人。密康公上前问道："母亲，听说您身体不适？""不是我身

小古文

《国语·周语上》节选

恭王游于泾上,密康公从,有三女奔之。其母曰:"必致之于王。夫兽三为群,人三为众,女三为粲。王田不取群,公行下众,王御不参一族。夫粲,美之物也。众以美物归女,而何德以堪之?王犹不堪,况尔小丑乎?小丑备物,终必亡。"康公不献。一年,王灭密。

体不适,是你啊,面临杀身之祸。"太后恨铁不成钢地说道。

"我?我怎么了?"密康公惊疑地问道。"你将那三个女子送给周天子了没有?"密康公低下了头,嗫嚅道:"那三个女子本就是奔着我来的,她们不想跟着周天子。"

"你糊涂啊!"太后用手点了点儿子的额头,苦口婆心地劝道,"野兽只要有三只,就被称为群了;人只要有三位,就被称为众了;女子只要有三人,就被称为美好的事物了。天子打猎的时候,都不会捕获成群的猎物;诸侯外出,遇到众人也要表现得谦逊有礼;就算是天子的妃嫔,属于同一宗族的也不会超过三个。你看,这些连天子都难以享用,你小小诸侯又有什么资格坐拥三位美人呢?别人将美好的东西送给你,如果你不拥有符合享用这一美好东西的身份,那么你一定会自取灭亡的。"顿了顿,老妇人继续说道,"昨日,你和天子一同出去游玩,一同遇见这三位美人,天子都还没有发话,你有什么资格将她们据为己有呢?还是快把这三位美人给天子送去吧,不然你会让密国遭受灭国之祸的。"

密康公听了这番话,感到面红耳赤,同时这又更加激起了他的逆反之心。凭什么美好的东西只能给周天子享用呢?况且这几位女子本来就是奔着自己来的,这不正说明自己的德行比天子还要高尚吗?可是一想到天子生气的后果,他又有些害怕。于是只得迭声答应，出了宫殿，往自己的寝宫处来。

可一面对着这三位如花似玉的美人，密康公实在是不忍割舍。况且这几位美人还苦苦哀求，不愿离去，甚至还说："君上您与天子感情这样深厚，妾等不过只是三个女子而已，难道天子还舍不得吗？"最终，密康公还是没有将这几位女子送走，而是整日里与她们嬉戏玩耍，荒废政事，引得百姓怨声载道。太后几次派人过来劝谏，密康公充耳不闻。

姬繄扈听闻后，也没有发表任何异议，依旧和往常一样。密康公见此，自以为天子不屑于与自己争女人，或者是惧怕自己，不敢发兵征讨密国，因此更加大胆放纵。一年过后，密康公索性连述职进贡的规矩都忘了，懒得亲自去朝见天子了。姬繄扈大为震怒，便命造父率兵攻打密国。

当周朝的兵士攻破城门，密康公还在与这三位女子饮酒作乐。造父将密康公以及这三位女子一起捆绑至朝中时，密康公还没弄清楚到底发生了什么。等到周共王一一细数密康公的罪状，包括藐视天子、荒废政事、虐待百姓、沉迷女色等数项重罪，密康公才醒悟过来，连连磕头求饶。事已至此，求饶已是无益。直到死时，这位密国国君才明白，看似不闻不问的姬繄扈实则对天子的脸面多么看重，而看似尖锐刺耳的母亲的良言又是多么的真挚宝贵！

给孩子的话

直到今天，在甘肃省灵台县，还流传着密康公和三个美人的故事。想不到的是，后人把它当作一个美丽的爱情传说，把周共王当成了扼杀爱情的坏人。这个神秘的诸侯国密国，经此一事，灭亡了。但是，周共王忘记密国是周天子分封的诸侯，镇守着西北这个大后方。密国被灭，陇东则是一片纷乱，猃狁一朝南下，周朝的后方就此失控。

嬴非子骗西戎马

周孝王（姬姓，名辟方，西周第八位君主）近日为战马一事颇费心神。原来，周昭王、周穆王几次远征几乎掏空了周朝的国库，虽然至周共王时期因为查实私田，发展生产，使周朝的国库得到一定程度的充盈，可是战马的稀缺却无处可以填补。

本来，周孝王所在的镐京地区就不适合马的蓄养，加之几代君王的消耗，如今的战马更是寥寥无几。可是，战马对于一个国家而言，又是不可缺少的。不仅仅天子出巡需要依靠马，万一何处发生叛乱，战马更是行军作战的利器。因此，他一直苦于此事。

在朝堂之上听不到一个好的解决方案，周孝王就决定亲自到养马的牧场巡视一番，看看能不能找到好的养马之人。当他走到一处牧场时，他发现这处牧场所养的战马比别处的更加高大壮实，神采焕发，于是便叫来管理的人仔细询问。这位管理的人是一位犬丘（秦国先祖所居之地，在今甘肃省礼县城东）人，听到周天子亲自询问其中缘由，便一五一十地回道："这些马之所以养得这样好，全靠一个叫嬴非子的人。他对马的脾性十分了解，对养马一事也非常熟稔。"

于是周孝王亲自召见了这位嬴非子。交谈之中，他才知道，这位嬴非子原来是伯益（上古圣人大业之子，辅佐大禹治水有功）的后代，继承了伯益驯服鸟兽的天赋，在犬丘国一带养马小有名气。无论周孝王询问马匹的饲养还是繁殖，抑或战马的训练，嬴非子都能对答如流，讲得头头是道。这令周孝王感到十分高兴。他给了嬴非子三千匹马，让他在汧水与渭水之间好好驯养，并承诺，如果数年之后马匹得到快速繁衍，将另有重赏。

嬴非子得令，便带着这三千匹马到了汧水与渭水之间，日夜照管。可是没想到的是，申国的君主申侯派人在暗中做了手脚，将这三千匹马中的公马全部换成了母马。原来，这申侯将自己的女儿嫁给了嬴非子的父亲嬴大骆，二人生有一子嬴成，而嬴非子为庶出，与哥哥嬴成同父异母。申侯担心嬴非子得到周孝王的重用而威胁到外孙嬴成的地位，于是便从中作梗，换了马匹。

▲ 非子骗西戎马（《春秋五霸七雄通俗演义列国志传》插图）

嬴非子面对着这一群清一色的母马，感到十分愁苦。如果只有这些母马，那如何让马匹繁殖呢？但是，不久他就想到了解决办法。

原来，嬴非子到了汧、渭水边牧马时，在汧、渭交界处，看到西戎小兵日日驱赶着马匹下河饮水洗浴，于是便心生一计。有一日，嬴非子带着自己的

小古文

《史记·秦本纪》节选

非子居犬丘，好马及畜，善养息之。犬丘人言之周孝王，孝王召使主马于汧渭之间，马大蕃息。孝王欲以为大骆适嗣。申侯之女为大骆妻，生子成为适。申侯乃言孝王曰："昔我先郦山之女，为戎胥轩妻，生中潏，以亲故归周，保西垂，西垂以其故和睦。今我复与大骆妻，生适子成。申骆重婚，西戎皆服，所以为王。王其图之。"于是孝王曰："昔伯翳为舜主畜，畜多息，故有土，赐姓嬴。今其后世亦为朕息马，朕其分土为附庸。"邑之秦，使复续嬴氏祀，号曰秦嬴。亦不废申侯之女子为骆适者，以和西戎。

一千匹母马来到了汧、渭交界处，让它们洗浴完后，便将母马的缰绳全部系在了河岸的杨树上。等到西戎小兵带着马匹在上游洗浴时，下游的母马看到了上游的马匹，纷纷想要往那边跑，但是都被拴在了树干上，只好在岸上叫个不停。上游的公马听到下游母马的鸣叫声，纷纷朝下游奔来，跑到岸上。西戎士兵见此，大为恼怒，但因为无法渡河，只得骂骂作罢。因此，嬴非子便用这小小的计策获得了西戎两千多匹优质战马。不到几年，马匹大量繁殖，数量多达上万匹，且每一匹都十分优良。

嬴非子带着这些马匹进入京师，来拜见周孝王。周孝王将这些马匹一一检视，十分高兴。听说嬴非子用母马骗取了西戎千余匹良马之后，对他更加赏识，想着如何重重赏他。周孝王详细了解了嬴非子的身世后，方知他的父亲嬴大骆是犬丘国的国君，便建议让嬴非子日后继承犬丘国的国君之位。

周孝王的建议再次遭到了申侯的阻挠。申侯道："自武王开国以来，立宗法制，确立继位只传嫡长子而不传庶子的传统，嬴非子为庶出，不应该继承君位。"

▲ 元代佚名《百马图》局部

周孝王听了，不以为然地笑了。

申侯进一步反驳道："以前我们申人的祖先骊山之女嫁与戎胥轩为妻，生下了中潏。中潏因为与周朝的亲戚关系归附了周朝，为周朝驻守西方边境，保卫西陲。现在我又将女儿嫁给了嬴大骆为妻，生下了嫡子嬴成。由于申国与大骆都很重视婚约，西戎都很服膺，所以才拥护大王。请大王您仔细想想啊。"原来，此时正值周朝与犬戎的交战时期，申国虽为周朝的封国，但是居民却以戎人为主。正是因为申侯从中斡旋，犬戎与周朝的紧张关系，才得以缓解。

周孝王认真想了想，觉得申侯说的不无道理，于是便缓和了表情，说道："上古时候，伯益为舜管理牲畜，使牲畜繁衍生息，因此获得了封地，被赐为嬴氏。如今他的后代又来为我养马，如果我不对他进行分封，恐怕不合适吧？"

申侯听到这儿，喉头一紧，正欲进言，却听得周孝王继续说："不过，申侯说得也有道理。自周朝建国以来，奉行的宗法制没有传庶不传嫡的道理，

如果我这样做，那就是破坏先王的法制了。那这样吧，我另赐嬴非子一块封地，这样你可满意？"

申侯虽然还是有些不情愿，但知道天子已经做出了极大的让步。而且嬴非子既然被分封到别处，对自己的外孙也造成不了太大的伤害，便只好点头称是。

就这样，嬴非子依靠自己养马的技术获得了周孝王的青睐，并且获得了自己的封地"秦"。几百年后，在历代君王的治理下，春秋时期，秦穆公称霸，成为春秋五霸之一。战国时期，秦孝公任用商鞅变法强秦；秦惠王任用张仪西取巴蜀，纵横天下；秦昭王起用范雎、白起，远交近攻，开启决胜时代；秦王嬴政任用李斯、王翦等，统一六国，完成中国大一统。

防民之口，甚于防川

"怎么，难道他们都是想造反吗？"还没有走进大殿，召穆公（姬姓召氏，名虎）便听见殿内传来周厉王（姬姓，名胡，西周第十位君主）的怒吼。想来，如今国都内那些国人背地里的议论都已经被厉王知晓了。

这也不是他第一次来进谏了。记得厉王最开始任用荣夷公（西周时期诸侯国荣国国君）时，他和芮良夫（西周时期士，芮国国君）就已经来劝说过。芮良夫还郑重其事地劝谏说："荣夷公横征暴敛，专会欺压百姓。如果委以重任，将来必会激起百姓心中的不满。"可是周厉王却不听，认为现在正是需要发展经济的时候，只有国库充盈才能预备战事，征讨四方。结果，造成民间不满的议论四起。

事实上，召穆公心里很清楚，周朝国都内如今百姓议论纷纷的局面并不是厉王一人造成的，更多的是时局的无奈。自周懿王（姬姓，名囏，西周第七位君主）之后，周朝的国力就一直衰微不振，更何况自厉王继位以来，周边方国多次发动战争。在厉王继位的第三年，原本归属于周朝的噩国（即鄂国，西周初期在今湖北随州一带，春秋中叶又迁至今湖北鄂州一带）便率先公然反叛，之后淮夷也趁机作乱，周厉王虽然平定了这几次叛乱，但由于连年征战，导致国库空虚，百姓生活困苦。因此，在平定叛乱之后，百姓急需安抚，国库亟待充盈。只不过，厉王为了填补国库空虚，未免过于心急，竟然亲近荣夷公这样喜欢搜刮民脂民膏、榨取百姓财物的诸侯。他采纳了荣夷公不许国人开采山林川泽物产的建议，将这些物产据为己有，垄断其利，终于招致百姓怨恨。要知道，多年积弊需要徐徐图之啊，哪能这样一蹴而就？

▲ 周厉王止谤（何颖绘）

有时候心急反而更容易坏事。

殿内不时传来一阵"哐当"落地的声音，召穆公知道，这是厉王气急了，摔东西发泄呢。但他并不感到畏惧，越是这个时候，他越要让厉王看清局势，不能急功近利。因此，他正了正色，让使者通报。

不多久，召穆公被传唤进入殿内。看着地上一片狼藉的样子，召穆公直截了当地说道："大王，我最近听闻，国都内百姓对您如今的做法议论纷纷。说您亲小人而远贤臣，对内占水封山，断了他们的生计；对外征讨邻邦，让他们的生活困苦不堪。如此下去，我恐怕周朝江山不保啊。"

"哼，一群无知的小民，哪里也能妄议我呢？"周厉王满不在乎地说，"召公，如果今天你是为这事来的，那么请回吧。你等着，用不了半个月，寡人

西周故事 | 083

小古文

《国语·周语上》节选

厉王虐，国人谤王。召公告曰："民不堪命矣！"王怒，得卫巫，使监谤者，以告，则杀之。国人莫敢言，道路以目。王喜，告召公曰："吾能弭谤矣，乃不敢言。"召公曰："是障之也，防民之口，甚于防川。川壅而溃，伤人必多，民亦如之。是故为川者决之使导，为民者宣之使言。故天子听政，使公卿至于列士献诗，瞽献曲，史献书，师箴，瞍赋，矇诵，百工谏，庶人传语，近臣尽规，亲戚补察，瞽、史教诲，耆、艾修之，而后王斟酌焉，是以事行而不悖。民之有口，犹土之有山川也，财用于是乎出；犹其原隰之有衍沃也，衣食于是乎生。口之宣言也，善败于是乎兴，行善而备败，所以阜财用、衣食者也。夫民虑之于心而宣之于口，成而行之，胡可壅也？若壅其口，其与能几何？"王不听，于是国莫敢出言，三年，乃流王于彘。

就能平息国人的议论。"

"大王想如何做呢？"

"寡人要找来监视督察的人，日日在大街上查访，一旦听到谁说寡人的坏话，就立马处死他。看谁还敢在背地里议论寡人！"周厉王冷冷地说道。

"大王，万万不可啊。"召公跪拜垂泣道，"用这样的方法堵住百姓的嘴，比用泥土堵住河道后果更加严重。河道如果堵塞久了便有决堤的危险，一旦决堤，便会冲垮房屋，使大批百姓受到伤害，损失惨重。如今百姓对您的怨恨也是这样子，不能一直被堵塞压抑着，而是要像疏导河道那样让他们自由发言，将心中的话宣泄出来。只有这样，才不会使他们心中的怨恨越积越多，最后爆发出来一发不可收。"

召公说完，抬眼看了看周厉王，发现他依然是那副冷冷的样子，便叹了口气，继续说道："以往的天子开殿议政，往往要让公卿列士献上诗歌，乐官献上歌谣，史官献上史书，让乐师读箴言，瞍官（没有眸子的盲人）作赋，蒙官（有眸子而看不见的乐官）诵读，百工上谏言，百姓的意见上达天子，近臣进献规谏之言，与天子同宗的大臣监督弥补天子的过失，瞽官、史官教诲天子，老臣对天子进行规

> **学点知识**
>
> **周召共和**
>
> 在现有史书记载中，周厉王逃出都城后，是由一位叫共伯和的诸侯暂代执政，也有说是召穆公与周定公二人共同主政，史称"周召共和"，但无论是何人在此期间执政，这一时期都被称为"共和行政"。共和元年（公元前841年）是我国有确切纪年的开始，从这里起，中国的历史纪年变得清晰。因此，共和行政这一历史事件对我们追溯历史时间有重要意义。而我们今日所说的"中华人民共和国"，其中的"共和"最早便来源于此。

劝警告，天子对此进行斟酌，才能够谨慎行事不致有差错。如今，大王您施行这样多的政事，只有让百姓发表自己的看法，才能够让您分辨这些政事是好是坏。如果是好的就去施行，如果是不好的就应该防范，怎么能采取堵塞的办法不让百姓说话呢？就算您一时能堵住百姓的嘴，但是又能堵多久呢？再者说，假如您堵住了他们的嘴不让他们开口，那么今后谁还能为国家提出好的建议呢？"

召穆公一口气说完，再次抬眼看了看厉王，厉王仍旧是不为所动，便知道终究是劝谏不住，于是便在殿内大哭了一场，最终被厉王轰走了。

过了不久，周厉王听信荣夷公的话，找来卫国的巫师对百姓进行监督，凡是听到有百姓在议论周厉王的便拉去斩首，不久这些议论确实平息了，但是百姓在道路上纷纷用目光示意，表示自己的愤怒。召穆公见此，心中知道离国都大乱也不久了，便终日在屋内垂泣。

果然，三年之后（公元前841年），百姓实在无法忍受厉王的统治，便发动了暴乱，攻打王宫，周厉王匆忙之中渡过黄河，逃跑至彘地（在今山西霍州

▲ 国人暴动（何颖绘）

东北），在那里度过了人生中最后的岁月。据说周厉王逃走后，百姓将矛头转向他的儿子姬静。听说太子姬静躲在召穆公家中，于是将召穆公家包围起来，要求交出太子，召穆公用自己的儿子替换太子才使他躲过一劫。自此之后，召穆公与周定公二人共同执掌政权，主理朝政，史称"共和行政"或"周召共和"。

宣王中兴周室

时令已入四月，大地回暖，繁花初谢，周朝内外一派生机盎然的景象。这似乎也在预示着周朝政治渐入佳境，一个更旺盛而有生气的时代到来。

自周厉王被国人逐出都城，召公与周公暂代天子执掌朝政，太子姬静也在召公的照顾下逐渐长大成人。大概是亲身经历过国人暴动，这位太子并不像他的父亲周厉王那样残暴独断，而是凡事与大臣们商

> **学点知识**
>
> **《诗经》总编纂**
>
> 尹吉甫，既是拥有军事才能的武将，同时也是拥有政治才华的文臣。我们现今熟悉的《诗经》是经过孔子删订的，据说原诗三千余首，由尹吉甫总编纂，且在《诗经》中，有很多篇章都与尹吉甫有关，如《大雅·烝民》《大雅·嵩高》《大雅·江汉》《大雅·韩奕》等。其中，详细记载尹吉甫征讨猃狁事迹的是下文的《小雅·六月》篇，从战争的起因、时间、过程等方面记载了尹吉甫北伐猃狁的战争全过程。

量，且重贤任能，身边聚集了尹吉甫、仲山甫、方叔、召虎等大臣，立誓要效法文、武、成、康时期的政治，重振朝纲。因此，在他继位不久，就废除了籍田礼，放松了对山川泽林的管控。并且，他能够虚心倾听臣子的意见，且严格约束臣子的行为，不令他们侵犯百姓利益，因此，没过多久，他重新获得了百姓和诸侯的爱戴，接受他们的朝拜，周王室的威信也逐渐恢复。

但也并不是所有诸侯会因姬静（周宣王）的政令而感恩戴德，重新归服。相反，他们还会趁着此时周朝实力尚未完全恢复进一步发动叛乱，如北部的猃狁与南部的荆蛮，常常在边地进行骚扰，抢夺财物，杀害百姓，这也是令周宣王最头疼的事。

> ## 小古文
>
> ### 《诗经·小雅·六月》
>
> 六月栖栖，戎车既饬。四牡骙骙，载是常服。狁孔炽，我是用急。王于出征，以匡王国。
> 比物四骊，闲之维则。维此六月，既成我服。我服既成，于三十里。王于出征，以佐天子。
> 四牡修广，其大有颙。薄伐狁，以奏肤公。有严有翼，共武之服。共武之服，以定王国。
> 狁匪茹，整居焦获。侵镐及方，至于泾阳。织文鸟章，白旆央央。元戎十乘，以先启行。
> 戎车既安，如轾如轩。四牡既佶，既佶且闲。薄伐狁，至于大原。文武吉甫，万邦为宪。
> 吉甫燕喜，既多受祉。来归自镐，我行永久。饮御诸友，炰鳖脍鲤。侯谁在矣？张仲孝友。

一日，周宣王终于忍无可忍，便召众臣子道："如今我朝虽然内乱初定，可是在边地，北部的狁与南部的荆蛮日常骚扰我边地，使边地百姓苦不堪言。寡人实在无法忍心看百姓受苦，因此想派兵去讨伐南北二夷，众位意下如何？"

仲山甫劝谏说："大王，万万不可。虽然南北二夷理应讨伐，但是如今狁势强，恐怕不能取胜。而且现在即将入夏，正是禾苗生长期，要是兴兵，很可能践踏庄稼，让百姓秋天没有收成。大王应当耐心等待，厉兵秣马，等到冬天就可以兴兵了。"

周宣王这次没有采纳仲山甫的意见，因为他实在是不想再等待下去，多等一刻钟，边地的百姓便多一份灾难。因此，他任用秦仲（秦国第四位君主，前844—前822在位）为将，前往边地征伐。然而，结果正如仲山甫预料，狁实力强大，这次战争不但没有取得胜利，而且使秦仲葬身边地。宣王大为后悔，向仲山甫泣道："要是寡人当时听取你的意见就好了，也不会致使秦仲与那么多士兵葬身边地。"经历这次战事之后，周宣王再也不敢冒进，于是

▲ 宣王中兴周室（《春秋五霸七雄通俗演义列国志传》插图）

一面加强军事训练，一面等待冬天到来。不久，他任命秦仲的儿子秦庄公等兄弟五人再次讨伐猃狁，取得了初步胜利。

第二年春，周宣王想再次征伐猃狁，于是便召大臣商议。这次，仲山甫没有劝阻，反而向周宣王推荐道："先时出征，已经使得猃狁士气低落。此次出征，如果大王用人得当，必能一举击败猃狁，使其再也不敢侵犯我朝。因此，臣愿向大王举荐尹吉甫前去讨伐。"

"尹吉甫？"周宣王有些犹疑。当然，尹吉甫的政治才干是非常出色的，且很有才华。他曾经还建议去民间采集诗歌，以观民俗风化与政治得失。只是，这样文采出众的臣子在军事上能胜任吗？

"是！"仲山甫坚定地说道，"大王您有所不知，尹吉甫不仅仅在文才政事上表现出众，对于用兵之法也是颇有心得。臣此前与尹吉甫交流过军事上的事情，他都能侃侃而谈，且有很深的见解。"

"寡人之前怎么没有听说过尹吉甫还懂用兵？"

"大概是尹吉甫平日里行事低调，而不喜欢张扬吧。但既有此等能力，便应让其施展出来,大王应速派尹吉甫出征北伐,相信定能大捷。"

其他臣子也纷纷附和,一致推荐尹吉甫北伐。周宣王见此,便任命尹吉甫为大将军,率十五万大军前往西北征讨。

尹吉甫率领大军到了边境,便向众将士传令道:"猃狁是最为残暴凶狠的,我们应该速速发兵,趁他们不备,速战速决。要是等他们休整过来,就难以挫其锐气了!"众将带领人马直冲猃狁营地而去。果然,猃狁来不及准备,便被打得落花流水,一直退到太原(今甘肃平凉、镇原一带),践踏死伤者不计其数。尹吉甫叫士兵夺了猃狁的衣甲器械,便准备班师回朝。一旁的方叔不解,问道:"如今猃狁正是穷途末路之时,将军为何不追,反而收兵呢?"尹吉甫笑笑说:"我听说先王抵御猃狁,也是对方来了就征讨,对方跑了就舍弃,不再追赶。如今猃狁已经死伤惨重,往北而逃,不会成为周朝的大患了。而且,这一路来,我们的士卒几夜不曾合眼,已经是筋疲力尽了,为什么还要穷尽我们的力气将他们赶尽杀绝呢?"方叔听完连连点头,便跟随尹吉甫班师回朝。

周宣王听说北伐大捷十分高兴,便亲自到城门口迎接尹吉甫与大军,为他们设宴,接风洗尘。宴饮结束后,尹吉甫又向周宣王上奏说:"如今虽然北方的戎狄已经除去,但是尚有南蛮作乱。臣恳请大王让臣率领这支得胜的大军前去南征,定能大破荆蛮!"

宣王听完大喜,道:"仲山甫说得对,你果然是文武全才,寡人没有看错人。既然如此,那寡人再命你讨伐荆蛮吧。"

不久,尹吉甫带领军队前往江汉之地,征讨荆蛮。至宣王十八年(公元前810),南方诸国叛乱基本都已平息,各方国开始向周朝称臣,进献贡品。至此,周朝恢复了对江汉、江淮地区的控制,真正实现了周朝的中兴。而关于尹吉甫征讨西戎南蛮的事迹,也被写入《诗经》中,一直传诵至今。

宣王纳王后谏

入冬了，风一阵一阵刮起来，带起丝丝寒意。周朝内外，百姓穿起了厚夹衣，贵族家宅与王宫中也生起了火。这样寒冷的清晨，饶是谁在街上走着，都要呵一口气，搓搓手，跺跺脚，赶走满身的寒气。然而，在永巷中，一位身穿粗布衣裳，脸上妆容未施的女子已经兀自站立多时了。她的身边，还有一位提着火炉的老妇，正在一旁喋喋不休地劝慰。

来往的官人见到这样的场景自然是觉得好奇了，可是猛一打量，那不是我们的姜王后吗！这么一大早站立在这里做什么呢？难道是惹大王生气了？可是姜王后是齐侯的女儿呀，幼时便受到良好教育，还有专门的傅母教授德义之道，因此她的贤德可是举国上下皆知的，难道还会做不合礼的事惹大王生气吗？况且，往日瞧着，王后与大王的感情很好，恩爱甚笃呀，怎么就成现在这样了呢？即便是心中充满无数疑问，那些官人也不敢上前询问，就只能加快步伐赶紧往前走去。

身边的老妇人见此，便继续苦口婆心地劝道："王后，您这又是何苦呢？如今官内上上下下谁没看见，将来定会议论纷纷的。"

姜王后打了个寒噤，颤抖着说："让更多人看到更好，这样就更可以提醒大王，不应该因为我而荒废朝政了。"

老妇人见此，将火炉靠近了些，却被姜王后推却："傅母，如果你真心为我好，就请转告大王：是我无德，让大王滋生了享乐之心，使他贪恋美色，荒废朝政。如果再这样下去，大王就会给人留下好色而忘德的印象，使百姓离心，诸侯犯上作乱。到那时，我的罪过更大了。所以，我自请贬为庶人，以赎此罪过。"

老妇人叹了一声,知道终究是劝不住。今日一大清早,周宣王与姜王后本还在寝殿睡觉,却听闻身边宫人来报,有臣子来请宣王上朝,而宣王只是翻了个身,不予理会。宫人又向宣王转述了大臣的话,说如今虽已天下大安,然而大王不应贪图享乐,沉迷美色,而是始终要将文、武、成、康四位先王的教诲放在心上,时时仿效,才能真正实现周朝的中兴。可是宣王只是觉得吵扰,便打发宫人出去了。姜王后见此,知道直言相劝必然是无法让宣王回心转意,于是便趁宣王熟睡时,一人悄悄下了床。待洗漱完毕后,也不施脂粉,而是脱去华服簪环,来此苦寒之地请罪。她身边的傅母见此,叫人备好火炉,然后跟随而来。从出门时到现在,傅母一直都在劝谏姜王后让她回去,可姜王后就像是铁了心一样,即便是冻得瑟瑟发抖,也不肯退让半分。

无法,老妇人只能回去禀告宣王。而此时的宣王,还沉醉在暖和的被窝里呢。即便是再不敢惊扰,老妇人也只得硬着头皮叫人唤醒宣王。宣王本被这一吵嚷搅扰得十分不快,一醒来,发现王后不在身边,只有温热的床褥,更觉空落落的。听完傅母传达姜王后的话后,宣王心中十分震惊。他转头看到一旁姜王后脱下的华服与簪环,想到如今外面天寒地冻,便立马出了门去,连洗漱都不顾了。

一出了门,外面的冷风便迎面而来,这样冷的天,她那样瘦弱的身躯怎么禁得住呢?想到此,宣王不禁加快了脚步,赶紧往长巷走去。

远远地就看到一个纤细的身影站在长巷一头。走近一看,果然是姜王后,嘴唇已经冻得发青,身子还不住颤抖。宣王赶忙走到王后身边,将自己的外衣解下披在王后身上,叹道:"王后,你这是做什么呢?"

姜王后看到宣王到来,便跪拜下去颤抖地说道:"我……有罪,请大王治……治罪。"

▲ 清代沈振麟绘《帝鉴图说·感谏勤政》

"你有何罪?"

"大王,在您登基之初,您是何等勤政为民,立誓要重振朝纲,重回先王时代。可是如今天下初定,大王您就懈怠了,每日与我腻于一处,荒废朝政,大臣劝诫也不听。如此下去,我恐怕大王您要失信于天下,致使祸乱四起啊!而这,都是臣妾的过错。如今那些大臣把罪过归咎于您,我实在不忍心,请大王赐罪吧!"

宣王被姜王后这一番话说得动了容,又看到她往日姣好的容颜此刻在风中已显苍白,愈发怜爱疼惜起来,便只好说:"这一切都是寡人的错,你且先

西周故事 | 093

小古文

《列女传·贤明传》节选

周宣姜后者,齐侯之女也。贤而有德,事非礼不言,行非礼不动。宣王尝早卧晏起,后夫人不出房。姜后脱簪珥,待罪于永巷,使其傅母通言于王曰:"妾不才,妾之淫心见矣,至使君王失礼而晏朝,以见君王乐色而忘德也。夫苟乐色,必好奢穷欲,乱之所兴也。原乱之兴,从婢子起。敢请婢子之罪。"王曰:"寡人不德,实自生过,非夫人之罪也。"遂复姜后而勤于政事。早朝晏退,卒成中兴之名。

起来。"一面说着,一面伸手去扶她。可是姜王后仍是纹丝不动。宣王见此,便只好说道:"此前是寡人懒怠失德了,没能做到励精图治,重整先王的基业。如今听闻王后的话,我感到万分惭愧。我发誓,此后我必将重新振作,立德修身,勤政为民,不愧对祖先和天下臣民。"闻此,姜王后才在宣王的搀扶下重新站起来。

自此之后,宣王果然一改往日懈怠享乐的作风,每日天不亮就起床上朝,对政事更加勤勉上心。姜王后为了使宣王不再被女色所误,还专门制定了后宫起居的规则,规定:妃嫔侍奉君王时,一定要等到天黑才能举着烛火进入宫殿,入殿后要立马熄灭蜡烛,以防与天子嬉笑玩乐;而到天明时分,一旦听到鸡叫便要立马起床穿衣,并且使衣服上的玉佩等发出叮叮当当的声响,叫醒大王,然后离去。

不久之后,宣王果然使天下大治,恢复了周朝的威信,使得四方臣民都来朝拜。宣王在位期间,也被称为"宣王中兴"时期。

周幽王烽火戏诸侯

宣王去世后，其子姬宫湦（shēng）继位，史称周幽王。这位周幽王不似他的父亲那样奋发图强，有着重振周朝的雄志壮志，反而只贪图享乐，荒废朝政。在幽王继任之初，天下便出现了几次大的灾难，如都城镐京地震，以及泾河、渭河、洛河三条河流枯竭，岐山崩塌等等，弄得朝野上下人心惶惶，认为是幽王的腐败政策招致天谴。因此，许多大臣纷纷赶来劝诫幽王，但都被拒于门外。

不久，周幽王任用了为人狡诈、善于逢迎的虢石父为卿士，料理朝政，自己则终日沉迷美色，奢侈荒淫，一次竟然连着三月未理朝政。百姓在周幽王的荒淫无度与虢石父的剥削压榨下，对幽王的统治越发感到不满。褒国的诸侯褒珦（xiàng）多次向周幽王劝诫，最终惹怒幽王，被关押起来。

一日，褒珦的儿子洪德来狱中探视老父，当看到父亲蓬头垢面坐于牢中，洪德感到十分痛心，哭道："父亲，您这是何苦呢？现今这周天子无心朝政，更是亲近小人、远离贤臣，与当年的纣王无异，您又何必拼上自己的身家性命劝诫呢？"

褒珦也哭泣道："为人臣子，这是我的本分啊。只是大王听不进诤言，我怕周朝的江山快要断送了啊。"

"父亲，先别管周朝如何了，眼下救你出来是最重要的。"洪德说完擦干眼泪，道："在古时，纣王囚禁先君文王，大臣就是进献美女珠宝才使文王得以释放。如今我看这大王也是贪恋美色，不如也学着去褒国搜寻美女进献给他，这样，他便能放了你。"

"你这是要陷我于不义呀！大王本就是因美色而耽误政事，如今你再进献美人，是使他进一步沉沦！"褒珦怒道。

"那也管不了那么多了。"洪德冷哼一声说，"再说，倘若他是贤德之君，再多的美女送到他面前，他也不会多瞧一眼。倘若他本就贪恋美色，因此误国，那也是他咎由自取，怨不得旁人。父亲，你且等我好消息吧。"说完，洪德也不顾褒珦在身后的呼喊，快步出了门去。

▲ 褒洪德进美人（《春秋五霸七雄通俗演义列国志传》插图）

没多久，洪德果然在褒城之中寻找到一位姒姓的绝色女子，只是不大爱笑。洪德找人教她唱歌跳舞，学习宫中礼仪，然后将她打扮好送入王宫中，献于幽王。幽王见此美色，果然十分欢喜，便立马释放了褒珦。

小古文

《帝鉴图说·戏举烽火》节选

周史纪：幽王嬖爱褒姒，褒姒不好笑，王说之万方，故不笑。王与诸侯约，有寇至，举烽火为信，则举兵来援。王欲褒姒笑，乃无故举火，诸侯悉至，至而无寇，褒姒大笑。后犬戎伐王，王举火征兵，兵莫至。戎杀王于骊山下，掳褒姒。

自从得到褒姒之后，周幽王便终日将褒姒带在身边，与其嬉乐。只是没多久他就发现，这位殊色绝伦的美人美则美矣，却从未笑过。于是周幽王问褒姒说："寡人见你进宫几年，虽然寡人尽心宠你，你却从未笑过。你为何不笑呢？难道是寡人待你不好？"褒姒摇摇头道："并不是大王的原因，只是臣妾生来就不会笑。"周幽王听闻不信，这世上哪有人天性就不会笑的呢？于是向天下贴出布告："若能令褒姒发笑，赏千金。"天下百姓看到这张布告，有的骂幽王荒淫，有的则抱着试一试的态度，来到王宫逗褒姒发笑。

他们在褒姒面前做各种各样奇怪的动作，摆出各种稀奇古怪的神情，又讲各种各样的笑话，一旁的周幽王被逗得哈哈大笑，可是褒姒却不为所动。无法，周幽王又为褒姒找来天下珍宝摆在她面前，褒姒仍旧不为所动。周幽王想，或许是褒姒对自己现在的身份不满意，所以不愿对寡人一笑？思及此，他又废去申后和太子，立褒姒为后，立褒姒所生的伯服为太子，但褒姒还是不笑。周幽王愈发来了兴致，到底什么才能让褒姒发笑呢？这样一位清丽脱俗的美人如果笑起来会是什么样子呢？褒姒越是不笑，幽王就越是想要令褒姒发笑。因此他更加尽心尝试一些令人发笑的办法，但是似乎都没有什么用。

虢石父见此，便向周幽王进言说："我观王后必不是俗人，像珠宝呀、笑话呀这样寻常能见到或听到的东西，恐怕是不能令王后发笑的。大王应该要

▲ 清代佚名《帝鉴图说·戏举烽火》

找更特别的方式。"

"到哪里去找这特别的方式呢？"

"或许，大王可以用烽火台。先王在时，曾在皇城之外每隔五里便置一座烽火台，假如敌人进犯了，就点燃烽火，一座连着一座，天下的诸侯看到烽烟起了，一定会赶来相救的。到时候诸侯带着兵急匆匆地赶来，狼狈非常，而大王您和王后却坐在台上安然无恙，这不是很好笑吗？"

周幽王一听，觉得此计甚妙，于是次日便带着褒姒到了烽火台，传令点燃烽火。一旁的臣子见状，进谏说："大王，万万不可。这烽火台本是先王为防御外敌的紧急侵略而设计的，天下诸侯见此便会赶来护驾。倘若现在您无缘无故就点燃烽火，到时候诸侯赶来见此情景，一定会感觉到被戏弄，这会使您失信于诸侯的！要是以后再有战事，大王您举烽火，谁还会赶来呢？"

可周幽王不听，说道："寡人要的就是这无缘无故。"

于是，烽火点燃，很快一座台连着一座台，将烽烟传递下去了。镐京周边的诸侯见此，以为是周天子遇到了紧急情况，于是点好兵马，没日没夜地赶来。可是到了之后才发现，自己被戏耍了，根本没有紧急战事。

褒姒在台上看到这些诸侯狼狈的模样，以及一脸气愤懊恼的表情，终于放声笑了出来。周幽王见此，对着身后的虢石父道："你看，寡人的王后是会笑的，笑起来多美啊。"说着，也不禁大笑起来。

这更加惹怒了一心赶来救驾的诸侯，纷纷询问幽王点燃烽火的缘由。周幽王大笑着说："没什么事，就是想点燃烽火看看。"

于是各诸侯纷纷含怨而去。没过几天，周幽王再次点燃烽火要引褒姒发笑，诸侯赶来，再次发现被周幽王戏弄，于是纷纷约定下次见到烽烟起，不再赶来救驾。

没多久，犬戎见周幽王大势已去，于是调兵来攻，周幽王见镐京士兵不多，知道守不住，于是再次点燃烽火希望诸侯带兵前来救驾。可是这一次，再没有一个诸侯愿意赶来。就这样，周幽王完全失信于诸侯，后面逃跑至骊山被杀死，褒姒也被人掳走了。

周平王弃镐东迁

且说周幽王宠爱褒姒，废黜了申后与太子宜臼，另外册封褒姒为后，立褒姒所生的儿子伯服为太子。申后对此感到十分气愤，也十分委屈，但又害怕周幽王与褒姒进一步加害自己，于是便连夜带着儿子宜臼逃回自己的母国——申国。

回来后，申后一五一十地将自己的遭遇说给自己的父亲申侯。申侯听后，大为愤慨，再看看眼前狼狈而回的女儿与外孙，更是气得咬牙切齿。想当初周幽王初登基时，没有什么实力，难以服众，是自己将女儿嫁给他，才使他有所依凭，坐稳天子之位。可是如今他如此对待自己的女儿与外孙，真是欺人太甚！那褒姒不过是乡野之中捡来的女子，也能配与自己的女儿相提并论？还有那伯服，一个庶出之子也配继承大统？难道真的要冷眼看着周幽王将这江山白白地让给他人吗？他咽不下这口气。

想到这里，他把心一横，将申后与宜臼召来身边，说道："看来大王是铁了心要拥立那贱人与庶子！为今之计，只有发兵攻打那昏君了。"

"可是父亲，他是我夫君啊！"申后哭道。

"他是你夫君，他可曾将你视为他的王后？"

被这样一顿抢白，申后无话可说，只能掩面哭泣。一旁的宜臼也哭起来，道："可是我们哪里有足够的兵力呢？再者说，如果我公然反叛父王，今后天下臣民如何看我？"

"这个不用你操心，我自有办法，而且你也不会背上弑父篡君的骂名的。"

申侯所说的这个办法，就是联络犬戎进攻镐京。不久之前，犬戎首领便

小古文

《史记·周本纪》节选

　　幽王以虢石父为卿,用事,国人皆怨。石父为人佞巧善谀好利,王用之。又废申后,去太子也。申侯怒,与缯、西夷犬戎攻幽王。幽王举烽火征兵,兵莫至。遂杀幽王骊山下,虏褒姒,尽取周赂而去。于是诸侯乃即申侯而共立故幽王太子宜臼,是为平王,以奉周祀。

　　平王立,东迁于雒邑,辟戎寇。平王之时,周室衰微,诸侯强并弱,齐、楚、秦、晋始大,政由方伯。

发来邀请,说如今天子昏庸,应当一同联合发兵,诛灭昏庸,另立贤君。他那时还嗤笑犬戎是痴心妄想,自己怎么可能联合外人攻打天子。如今,一旦决定反叛,必然是得不到天下诸侯支持的,那么就只剩下联络犬戎这一条路了。舍不得孩子套不着狼,为了自己的外孙能够顺利登基,也为了自己权势不被夺去,他只能先下手为强。因此很快,申侯联络犬戎大军逼近都城。

当周幽王听说申侯与犬戎大军已近都城时,感到十分惶恐,便立马令人举烽火让诸侯闻知,前来护驾。可是因为此前一再戏弄,诸侯早已不相信周幽王,因此并未发兵。周幽王见大势已去,便只好抛弃财物珠宝,带着褒姒与伯服逃往骊山。很快,镐京城破,申侯追赶周幽王至骊山,砍掉了他的头颅,且一并杀死伯服,以绝后顾之忧。犬戎之兵则在进入都城后大开杀戒,肆意掠夺,侵害镐京百姓达数月之久。

申侯这时才渐渐明白犬戎的野心,他们要的不仅仅是诛杀周幽王,更是要倾覆整个周朝。他多次催促犬戎首领撤兵镐京,但是都被犬戎首领以各种理由搪塞过去,正是印证那句"请神容易送神难"。申侯为此后悔不已。他本也只是想出口恶气,让外孙顺利继承王位,可是倾覆周朝,这是他万万没想到,也从来不敢想的。因此他又将犬戎攻陷镐京,意图倾覆周朝一事传达给

学点知识

西周

西周(前1046—前771),中国历史朝代。从周武王灭商到幽王亡国,共传十二王:周武王、周成王、周康王、周昭王、周穆王、周共王、周懿王、周孝王、周夷王、周厉王、周宣王、周幽王。自公元前11世纪周武王灭商,建国号为周后,经历了大封诸侯、周公东征、制礼作乐、成康之治、宣王中兴等,但自周懿王后政治日趋腐败,国势衰落,至周厉王时国人暴动,王权从此衰落。公元前771年,周幽王被犬戎和申侯杀死,西周结束;次年周平王东迁洛邑,东周开始。

▲ 犬戎剽掠京城(《春秋五霸七雄通俗演义列国志传》插图)

各路诸侯,希望他们能够带兵前来平定叛乱,拥立宜臼为王。

各路诸侯收到消息后,也纷纷以举动表明自己的态度。有因为质疑宜臼弑父篡位而不愿出手的,也有因为幽王的戏弄而耿耿于怀坐视不理的,也有巴不得周朝覆灭好让自己称王称霸的,但也有一小部分诸侯国真的带兵前来。比如郑桓公、秦襄公、晋文侯以及卫武公这些,一收到消息,便打着勤王的口号攻入镐京。终于,在几国诸侯的联合攻势下,西戎战败而逃。而后,他们拥立宜臼为新王,史称周平王。

平王继位之后,先是按照平叛功绩对救驾有功的诸侯论功行赏,晋升了卫国与申国的爵位，赐予郑国与晋国珠宝赏赐，承认秦国的诸侯之位，然后下令安抚城中百姓，派人清理宫殿与街道。当时，镐京被犬戎攻破后，多处宫殿被烧毁，国库被劫掠得一干二净，国都内外皆是一派荒凉景象。加之犬戎时不时前来骚扰，愈发使周平王对镐京这一地方产生厌恶之情。因此，继位不久，周平王便与群臣商议："如今镐京都城中多处民居被烧毁，王宫也不例外，处处都是破败荒

▲ 周平王弃镐东迁（《春秋五霸七雄通俗演义列国志传》插图）

凉的景象，寡人每次看到心中都会徒增伤感，而且犬戎就在附近，时不时来侵犯骚扰，已经不适宜居住了。我想将国都迁往洛邑，以前先君成王在那里建立了成周，是天子所居之处，可以作为新的国都。"众臣皆点头称是。

于是在公元前770年，周平王将周朝国都从镐京迁往洛邑，文武百官与国都百姓也纷纷跟随平王到了洛邑，建立宫室，充盈国库，建立周朝崭新的未来。这一历史事件史称"平王东迁"，此后，周朝也被称为东周。就此，属于周朝的辉煌灿烂的时代已经落幕。未来，那些曾经臣服于周朝的诸侯国纷纷登上历史舞台，天下诸侯也开始了他们逐鹿天下的王霸事业。春秋时代，就此拉开序幕。

图书在版编目（CIP）数据

西周故事/严曼华编著. — 成都：天地出版社，
2023.10
（典籍里的中国历史故事）
ISBN 978-7-5455-7753-2

I.①西… II.①严… III.①中国历史－西周时代－
儿童读物 IV.①K224.09

中国国家版本馆CIP数据核字（2023）第087955号

DIANJI LI DE ZHONGGUO LISHI GUSHI · XIZHOU GUSHI
典籍里的中国历史故事·西周故事

出 品 人	杨　政
编　著	严曼华
责任编辑	孙学良
责任校对	张思秋
装帧设计	今亮後聲 HOPESOUND 2580590616@qq.com · 郭维维
责任印制	王学锋

出版发行	天地出版社
	（成都市锦江区三色路238号　邮政编码：610023）
	（北京市方庄芳群园3区3号　邮政编码：100078）
网　　址	http://www.tiandiph.com
电子邮箱	tianditg@163.com
经　　销	新华文轩出版传媒股份有限公司

印　　刷	北京瑞禾彩色印刷有限公司
版　　次	2023年10月第1版
印　　次	2023年10月第1次印刷
开　　本	710mm×1000mm　1/16
印　　张	7
字　　数	96千字
定　　价	18.00元
书　　号	ISBN 978-7-5455-7753-2

版权所有◆违者必究

咨询电话：(028) 87734639（总编室）
购书热线：(010) 67693207（营销中心）

如有印装错误，请与本社联系调换。